T0279340

AMOR NO DUAL

DESPERTAR A LA NATURALEZA AMOROSA DE LA REALIDAD

A. H. ALMAAS

Prólogo de Ram Dass

EL GRANO Đ MOSTAZA

Título: Amor no dual
Subtítulo: Despertar a la naturaleza amorosa de la realidad
Autor: A. H. Almaas

Publicado originalmente en inglés por Shambhala Publications Inc., con el título: *Non Dual Love, awakening to the Loving Nature of Reality.*
© 2023 para A-Hameed Ali

Primera edición en España, mayo de 2023
© para la edición en España, El Grano de Mostaza Ediciones

Impreso en España
ISBN PAPEL: 978-84-126913-0-6
ISBN EBOOK: 978-84-126913-1-3
DL: B 6745-2023

El Grano de Mostaza Ediciones, S.L.
Carrer de Balmes 394, principal primera
08022 Barcelona, Spain
www.elgranodemostaza.com

AMOR NO DUAL

DESPERTAR A LA NATURALEZA AMOROSA DE LA REALIDAD

A. H. ALMAAS

Prólogo de Ram Dass

En amoroso recuerdo

Este libro sobre la bondad humana está dedicado
a quien fue amigo mío durante décadas,
Hameed Qabazard.
Hameed era un verdadero ser humano,
cuyo amor fluía hacia todo,
generoso y libre de trabas.
A lo largo de los años, él contribuyó a las
portadas de muchos de mis libros.
Su presencia en el trabajo y en el juego, en la amistad
y en la familia
fue disfrutada por muchos, pues él disfrutaba de la vida
tal como puede hacerlo un ser humano.

CONTENIDOS

Prólogo de la serie

Los tres libros de esta serie *Viaje del Amor Espiritual,* de A.H. Almaas, ofrecen un excelente mapa para llevarte al amor interno..., al amor espiritual. Cuando conocí a mi gurú, Neem Karoli Baba, mi percepción de mí mismo y del universo cambió. Él reflejó mi alma de vuelta hacia mí. Antes de eso, yo ya la había conocido, pero mi gurú me ayudó a cambiar de percepción para ver que el alma en sí misma es amor.

Ahora amo a todas las personas y a todas las cosas. Ser amor es una cuestión de percepción. Los árboles, las nubes y todas las cosas están hechas de amor. Amo el suelo y el techo... que también están hechos de amor. Incluso estoy trabajando en amar las almas de las personas difíciles. Lo único que tiene que cambiar para que podamos ver amor en todas las personas y cosas es nuestra percepción.

El alma es amor, sabiduría, compasión, paz y alegría. Y me interno para pasar de la mente al corazón espiritual. El corazón espiritual es la puerta al siguiente plano de conciencia..., "el país del alma".

Que estos libros te ofrezcan una bendición mientras haces este viaje, de la mente al alma...

El viaje a casa.

Con amor, Ram Dass
Maui, Hawái
Agosto de 2019

Prefacio del editor

¿Te has encontrado alguna vez en una situación en la que una dulzura surgida de tu corazón te pilla por sorpresa? En este tipo de despertar del corazón en el que estoy pensando, la sensación sentida es lo suficientemente fuerte como para aflojar el agarre de la mente y su persistente cadena de pensamientos. Un cálido brillo se expande en tu pecho, y tu corazón se abre. Tu conciencia parece relajarse y suavizarse. Se produce un profundo cambio en cómo ves el mundo y a ti mismo. Los bordes están menos pronunciados, una sonrisa se asoma a tu cara, y una bondad palpable parece impregnarte a ti y a lo que te rodea. Tal vez ocurra esto cuando tu atención se enfoca en la hermosura de una persona o de un objeto particular, pero pronto te das cuenta de que la experiencia abarca mucho más. Te das cuenta de la hermosura de todas las personas y de todas las cosas. El mundo entero parece emanar una dulzura suave y penetrante que alivia tu corazón y calma tu mente. En ese momento, la vida te produce una buena sensación, independientemente de lo que esté ocurriendo. Ahí estás donde tienes que estar y te sientes unificado con la asombrosa riqueza del despliegue de la vida. Todo está bien.

Estos tienden a ser momentos pasajeros, que parecen reflejar algún tipo de transformación mágica de la realidad hacia un mundo cálido y acogedor, dulce y tierno. Un mundo en el que nos sentimos sostenidos, donde podemos relajarnos sin preocupación, y donde podemos ser con facilidad la esencia de quienes somos. Este libro nos invita a realizar una exploración profunda de lo que ocurre en nuestra conciencia cuando tiene lugar esta transformación. ¿Qué ha sucedido para producir este cambio en cómo aparecen las cosas y en cómo experimentamos nuestro propio estado de ser? ¿Qué nos dice esta experiencia acerca de la realidad misma y de nuestro lugar en ella? ¿Y cómo se relaciona esto con cualquier noción que tengamos de la divinidad y su naturaleza amorosa?

En los reinos espirituales, a esto se le ha llamado amor universal, conciencia crística, o dicha divina. Es un estado en el que tomamos conciencia de que no estamos separados del resto de la realidad, de que dicha realidad está impregnada de una bondad y dulzura fundamentales, y de que ya no nos sentimos contenidos y aislados dentro de los límites de nuestro cuerpo. Somos llevados a una experiencia directa de lo que se llama el mundo no dual, donde no existe la polaridad entre sujeto y objeto, donde no hay fronteras separadoras de ningún tipo, y sentimos que nuestra conciencia no tiene límites. Nos sentimos parte de una unidad que incluye a la totalidad de la realidad y de la que no podemos estar separados.

Amor no dual es una introducción a este estado de conciencia que Almaas llama Amor Divino. Él nos muestra que esta es una de las verdaderas maneras en que aparece la realidad, una manera que está disponible para todos nosotros. Para la mayoría de nosotros, este amor ilimitado es un suceso accidental, un acto de gracia sobre el que no tenemos control. Y, ciertamente, Almaas confirma que no es posible controlar cuándo aparece en nuestra conciencia. Sin embargo, él aporta mucha comprensión y experiencia sobre lo que impide que surja el amor divino. Además de describir las numerosas formas en que podemos experimentar y reconocer este amoroso y expansivo fundamento del ser, tal vez lo más importante sea que nos muestra las creencias y los posicionamientos particulares con los que tendemos a identificarnos y que bloquean esta experiencia de unidad. En particular, él habla de los profundos apegos que desarrollamos hacia aquello de lo que creemos estar separados: el apego positivo a las personas y cosas que tratamos de adquirir y a las que queremos aferrarnos, y el apego negativo a lo que tratamos de rechazar y eliminar. También nos habla de los temores primitivos y de la postura defensiva que generan en nuestra alma, y cómo esto hace que neguemos la realidad de algo más grande y perdamos de vista la naturaleza hermosa y benevolente de dicha realidad.

Este libro es un poderoso companero del volumen *Love Unveiled*, en el que Almaas describe cómo surge el amor espiritual dentro del mundo familiar de la dualidad y la separación. Seguir ese amor nos lleva más profundo dentro de nuestro corazón y alma, invitándonos a permanecer permeables al misterio de quiénes y qué somos. *Amor no dual* retoma donde lo dejó *Love Unveiled,* abriendo la pregunta de qué significa ir más allá de la dimensión del alma individual. Sigue el hilo del anhelo del corazón por conocer la unidad y dejar de estar atrapado en nuestras identidades individuales y conciencias divididas. Después de todo, en lo profundo de nuestras almas hay un conocimiento de que nuestro ser y existencia no están separados del ser de todas las cosas y de la totalidad de la existencia.

Como siempre, el poder del planteamiento de Almaas reside en su enfoque en la propia experiencia de la persona, no solo en las ideas y explicaciones sobre el reino espiritual, en este caso la conciencia divina. Esta orientación es un aspecto central del Enfoque Diamante™, un camino de realización interna que él fundó y que enseña a través de la escuela Ridhwan. En este libro, basado en su enseñanza a miembros de la escuela, nos invita constantemente a captar la sensación sentida de lo que es real en nosotros, incluyendo el gusto y la sensación de este amor divino. Para apoyar este enfoque, se añaden los ejercicios de cada capítulo, que ofrecen una oportunidad de explorar lo que nos está ofreciendo a medida que expande nuestra perspectiva de la realidad y del mundo en que vivimos.

Te doy la bienvenida a este viaje con él, que llama a las puertas de nuestros tiernos y amorosos corazones, pidiéndonos despertar a ese *mucho más* que es posible dentro de quienes somos y de lo que somos. Esta dimensión particular de la realidad —la bondad fundamental que subyace a toda manifestación— se echa agudamente de menos en la mayor parte del discurso, de las relaciones y del funcionamiento contemporáneos. Tomar conciencia de ello cambia inevitablemente nuestras prioridades a medida que suaviza nuestras fronteras, abre nuestros ojos y enternece nuestros corazones. Todos nos beneficiamos de conocer directamente en nuestras almas la naturaleza amorosa de ser —el amor no dual— la dulce fuente del universo dentro de cada uno de nosotros.

Byron Brown

Introducción

Este libro es el segundo volumen de una trilogía sobre el amor en la que intento presentar la experiencia inmediata del amor dentro del camino espiritual. Aquí conectamos con la esencia del amor, amor que es una pura expresión de nuestra naturaleza espiritual, y examino las múltiples maneras en que puede ser experimentado, desde las más accesibles hasta las más profundas y difíciles.

El primer volumen, *Love Unveiled*, introduce este amor espiritual puro en las formas que son más fáciles de reconocer por la mayoría de los seres humanos. Estos son los prototipos esenciales del tipo de amor que los seres humanos experimentan a nivel emocional, y se introducen como cualidad de la conciencia pura, como distintas maneras en que se manifiesta la presencia espiritual. Estas formas del amor espiritual o esencial no requieren un pleno despertar espiritual o la muerte del ego, y por lo tanto son útiles tanto en la vida de cada día como para recorrer el camino hacia la realización y la liberación.

Este segundo volumen introduce lo que denomino el "amor divino". Este es el amor universal o no dual, en el que nuestra naturaleza espiritual manifiesta su infinitud ilimitada, como un océano sin orilla de dulzura, suavidad y bondad. Exploro las tres formas diferentes en que este amor no dual puede ser experimentado: como un océano de amor del que tomamos conciencia a medida que impacta en nuestra percepción del mundo físico; como nuestra propia aseidad sentida como una extensión ilimitada de presencia que es placentera, generosa y dulce: la unidad de la realidad como amor; y como vastedad benevolente que ama personalmente a todas las particularidades del mundo. Me refiero a estas dos últimas maneras de experimentarlo como realización, puesto que en ellas nos conocemos a nosotros mismos como esta extensión de amor. O, con más precisión, podríamos decir que la extensión amorosa se experimenta y se conoce a sí misma simplemente siendo ella misma, y al mismo tiempo es nuestro ser.

Este libro también explora lo que obstruye el acceso a esta dimensión ilimitada de nuestra verdadera naturaleza. Investiga con detalle que la creencia de que somos un yo separado es el obstáculo principal. Pero también considera otros obstáculos, creencias y tipos de condicionamiento que se interponen en el camino de que nuestra verdadera naturaleza se manifieste como esta extensión de puro amor desinteresado.

A medida que ahondamos en el fundamento amoroso del ser, es importante entender cómo se relaciona este amor universal con nuestra sensación de ser una conciencia individual, cómo se relaciona con todas las formas del mundo, tanto internas como externas, y cómo se relaciona con nuestra verdadera naturaleza. En este proceso, vemos que el amor ilimitado es una forma primaria de conocer y experimentar la realidad no dual. Aquí es donde la extensión de amor es inseparable de todas las cosas —pues, de hecho, emerge como la naturaleza de todas las cosas— y muestra que el amor divino es la base del universo, de toda manifestación y experiencia.

Difiero de las enseñanzas espirituales que mantienen que la extensión espiritual siempre está manifestada, pero que simplemente no somos conscientes de ella. Prefiero el punto de vista de que la extensión espiritual, y todo el potencial espiritual, solo se manifiesta cuando estamos preparados para él y abiertos a él. Esto cambia nuestra manera de mirar la vida, y el mundo ordinario y su relación con la extensión espiritual, en este caso, con el amor ilimitado. Nuestro mundo familiar no es simplemente un engaño ni una versión equivocada de la realidad, sino una manera verdadera en que la realidad se manifiesta, que puede ser potenciada o transformada mediante la revelación.

Esta perspectiva conduce a formas de experimentar el fundamento amoroso y no dual del ser que hacen más fácil entender cómo vivirlo y no simplemente ser él. Este libro demuestra con claridad que esta dimensión amorosa de nuestra verdadera naturaleza es la esencia de la generosidad, del dar desinteresado y del servicio. También es el reino de la belleza, de la gracia y de la bondad fundamental. A medida que reconocemos la naturaleza de esta dimensión amorosa, queda claro que es la esencia del corazón y el origen de todos nuestros sentimientos. Pues el amor es el sentimiento primordial original.

Los primeros dos volúmenes de esta serie *Viaje del Amor Espiritual* nos preparan para el tercero, que abarca el viaje del corazón hacia la realización de la dimensión Absoluta de la naturaleza espiritual. Hay muchas maneras de realizar este misterio absoluto que está más allá del ser y del no ser, y en el tercer libro exploro uno de estos caminos: el camino del corazón. Uso el viaje de mi propio corazón y la poesía mística para ilustrar que el amor es intrínsecamente un movimiento hacia el verdadero amado del corazón. Vemos que a medida que el Amado se revela a sí mismo en su majestad y maravilla, realizamos la dimensión profunda de nuestro ser, la extensión luminosa más allá de los colores y de los conceptos que son la fuente de todas las demás dimensiones y formas de la naturaleza espiritual. El camino del corazón es poético y devocional, y sin embargo nos introduce al completo despertar del espíritu.

Todas las experiencias del verdadero amor esencial que se exploran en esta trilogía son simplemente distintos caminos en los que aprendemos sobre la bondad inherente que está en el corazón de toda realidad. Es la bondad indestructible que constituye el potencial de todos nosotros.

A. H. Almaas
Marzo de 2022

UNO
Una nueva dimensión

En este libro, vamos a explorar lo que yo llamo las dimensiones ilimitadas. También se les puede llamar las dimensiones informes o dimensiones de omnipresencia. Esto significa que vamos a ir más allá de la dimensión del alma individual. Con alma individual me refiero a nuestra conciencia individual, eso que forma nuestra subjetividad y que es la portadora y la ubicación de todas nuestras experiencias y percepciones. Es conciencia localizada en espacio y tiempo. Ir más allá del alma individual requiere algunos cambios fundamentales en la percepción, y merece la pena mencionar de partida que al principio esta enseñanza puede ser difícil de captar. El lenguaje humano evolucionó para expresar el punto de vista de los seres humanos como individuos, y usar este lenguaje para describir una percepción completamente distinta de la realidad conlleva sus limitaciones.

De modo que puede ocurrir que, al principio, esta descripción distinta de la realidad no tenga sentido, porque ya no estamos mirando las cosas desde el punto de vista del alma individual. Cuando estudiamos el alma y sus distintos aspectos, sus facultades burdas y sutiles y sus cualidades ordinarias y espirituales, aprendemos sobre la naturaleza del alma y la verdadera naturaleza del individuo. En este trabajo, tú te estudias a ti mismo y descubres distintas maneras de experimentarte. Cuando lidiamos con las dimensiones ilimitadas, descubrimos distintas maneras de experimentar la realidad como un todo, no solo como nuestra experiencia de nosotros mismos. Se produce un cambio de enfoque desde la experiencia del alma individual a la experiencia de la totalidad de la existencia. Ahora estamos examinando la verdadera naturaleza de todas las cosas, del universo entero, al que incluye, pero yendo más allá del universo físico.

Usando terminología religiosa, podemos trabajar en la comprensión del alma, o podemos trabajar en comprender a Dios, o al ser supremo. Entender la naturaleza de todas las cosas es entender lo que es el ser supremo, entender la naturaleza de Dios o del espíritu universal. Y cuando uso aquí los términos "Dios", "ser divino", o "ser supremo", no me refiero a una entidad que vive en algún cielo, que crea cosas en el tiempo y envía emisarios para premiarnos o castigarnos, ni nada parecido. Si pensamos de esta manera, todavía estamos mirando desde el punto de vista del alma individual. En las dimensiones ilimitadas, no hay entidades separadas, humanas o divinas. Una de las principales barreras para entender cualquiera de las dimensiones ilimitadas es insistir en experimentarte a ti mismo o al ser divino como una entidad que camina en el espacio y en el tiempo, y que interactúa con otras entidades. Algunas personas mantienen que Dios creó el espacio y el tiempo, pero también ven a Dios como si tuviera piernas, y caminara y hablara, y todo eso. Pero ¿cómo puede Dios tener piernas, y caminar y hablar, y crear el espacio y el tiempo? Dios necesita el espacio y el tiempo para poder caminar y hablar.

Por supuesto, la gente tiene experiencias o visiones de una forma de representación divina, como una figura sentada en un trono y ese tipo de cosas. Estas cosas pueden ocurrir, pero no es a esto a lo que me refiero aquí cuando hablo de la presencia divina o suprema y de las dimensiones ilimitadas. Me refiero a ella en el sentido de una completa transcendencia de la experiencia humana individual. Puede llevar años, pero nuestro trabajo en las dimensiones ilimitadas acabará mostrándonos la verdadera riqueza del universo, revelando que el universo físico que normalmente vemos los humanos solo es una fina capa de un universo multinivel y multidimensional.

Ahora bien, uno de los retos a la hora de aproximarse a las dimensiones ilimitadas es que, a medida que te internas más y más en ellas, cada vez hay menos en ellas para ti, puesto que dejas de ser el centro del cuadro. Cuando la gente ve esto, a menudo se pregunta por qué alguien querría ir allí y qué sentido tiene. No obstante, parte de la inteligencia y compasión del ser divino es que, con frecuencia, al principio, presenta su naturaleza de un modo que resulta atractivo y accesible para los seres humanos. Es decir, a través de la cualidad del amor. Y así empezamos con la primera dimensión ilimitada, a la que denomino la dimensión del Amor Divino; es a la que es más fácil abrirse porque es la más cercana a nuestra experiencia humana habitual. La palabra "amor" significa que sigue siendo familiar al ser humano; tiene sentido para el alma individual y es algo que nosotros apreciamos. Esto, por supuesto, implica que hay otras dimensiones ilimitadas además del amor, como por ejemplo la presencia o la conciencia.

Los seres humanos se relacionan fácilmente con el amor. Simplemente di la palabra "amor" y todos se sienten felices. Di "voluntad" o "poder" y a la gente le entra miedo. Así, el ser divino es muy listo. Si lo imaginamos como un ser que habla, podría decir: "Bien, démosles amor. Eso debería ser fácil, puesto que todo el mundo siente carencia de él. El amor hace que todo el mundo se sienta seguro, y así pueden relajarse y no sentir que tienen que resistirse a él". Veremos que las nociones de rendirse, de dejar ir, de relajación y de recibir la gracia y bendiciones son algunos de los conceptos familiares en la dualidad a los que recurrimos en un intento de entender y aproximarnos a la experiencia del amor divino no dual y de cómo funciona.

Llamamos a esta dimensión Amor Divino porque hay una suave cualidad de amor en ella. Hay una ternura, una amabilidad y una dulzura. Es una cualidad de apreciación, una cualidad feliz, alegre, ligera y de celebración. Es reconfortante. Todas estas cualidades amorosas la hacen atractiva y cercana. No obstante, veremos que hay razones por las que las personas pueden sentir resistencia hacia ella. Después de todo, se trata de *amor divino*, no del tipo de amor con el que estamos familiarizados. El elemento divino trae consigo multitud de preguntas que el alma individual no entiende, y por tanto puede producir miedo.

Entonces, ¿por qué le llamamos amor divino y pensamos en él como una dimensión ilimitada? En un sentido, es divino porque no es el tipo de amor que una persona siente por otra, que sientes hacia otro; este amor no dual transciende la dicotomía sujeto/objeto. Pero la noción de divinidad no se debe a que está relacionado con algo llamado Dios. Es la cualidad del amor mismo la que le da divinidad, la que le da la cualidad de conciencia. Hay una cualidad de conciencia humana y hay una cualidad de conciencia animal, pero también hay una cualidad de conciencia divina.

Esta cualidad revela directamente la benevolencia fundamental de la realidad. Cuando se experimenta como un aspecto de la presencia que nos afecta como almas individuales, la llamamos luz del día viviente debido a su bondad palpable, similar al impacto positivo de la luz del sol en toda la vida sobre la Tierra. Evoca en el alma una confianza básica en la bondad de la realidad: una sensación de seguridad, de relajación, de apoyo en el amoroso abrazo del universo. Como dimensión ilimitada, es una presencia de amor que nos contiene, fluida y suave, excepcionalmente fina y delicada, que nos toca con su sensación de pureza. La completa pureza de este amor tiene una exquisitez y un refinamiento que son difíciles de describir. Es un tipo de amor puro, desinteresado y completamente sin motivo, y tan exquisitamente sutil y refinado que resulta difícil llamarle cualquier otra cosa que divino.

Esta cualidad divina da al amor una suavidad y delicadeza increíbles, además de una asombrosa belleza y sensación de armonía. Su falta de límites es evidente en la forma en que esta exquisita, delicada, suave, grácil y armoniosa sensación de dulzura y presencia nos llega a través de todas las cosas. Atraviesa las paredes y llena el aire. Sostiene a la Tierra, sostiene al universo entero, impregnando todas las cosas, constituyendo todas las cosas. Es omnipresente: está literalmente en todas partes y en todas las cosas. No es el amor de alguien. Cuando decimos "amor divino", nos referimos a que es el amor del ser divino, y el ser divino sostiene el universo entero. De modo que el universo entero, la totalidad de la realidad física, incluyendo la humana y todos los demás seres, es experimentada como esta exquisita sensación de pureza, fresca e intensamente dulce al mismo tiempo. Este amor tiene una calidez y una comodidad, que podríamos decir que es similar a la que experimentan los amantes, pero tiene una cualidad que nos transporta más allá de eso, aportando ligereza, así como una sensación de liberación y libertad.

Experimentar el amor divino es reconocer la presencia de la divinidad en todas partes: la divinidad como amor, como presencia, como resplandor. Es como la suave luz dorada que ves cuando la luz del Sol entra en una habitación al final de la tarde. Toma la cualidad de esa luz dorada que parece que brilla desde todos los objetos que te rodean, incluyendo los cuerpos físicos de las personas, de modo que parece que solo fueran la sustancia de esta luz. Resplandecen con su belleza. Es un tipo de percepción exquisita, una forma de ser exquisita.

La extrema suavidad y delicadeza del amor divino significa que, cuando toca algo, solo puede fundirlo. A veces, puedes darte cuenta de tu experiencia cuando tocas algo muy delicado y suave: tú mismo tiendes a suavizarte, relajarte y soltar. Es así, pero la suavidad delicada te toca desde todos lados, por dentro y por fuera. Hay una sensación de placer y delicia, un fundirse y rendirse. Podemos llamarle dejar ir, o rendirse, pero lo único que esto significa es que estamos siendo fundidos por la gracia de esta presencia. Generalmente, todo el mundo anhela la experiencia de unirse con la ilimitada e inmensa totalidad, con su amorosidad exquisita. En algún lugar de su alma, todo el mundo desea y anhela esta realización: quiere la experiencia de unirse con la unidad que es inmensidad, ausencia de límites y el amor más exquisito. Ser abrazado de la manera más suave, segura, nutricia y atenta que sea posible. Anhelamos eso y podemos imaginar que, cuando ocurra, traerá una liberación total, libertad completa y despreocupación general. Pero aquí hay una paradoja. Recuerda, las dimensiones ilimitadas también reciben el nombre de dimensiones informes, y experimentarlas es saber que no hay formas que las contengan. Esto suscita varias preguntas y aparentes conflictos que tenemos que ver, penetrar y entender. Porque incluso el lenguaje que hemos estado usando hasta ahora nos atrapa. Hablar de fundirse y de rendirse nos atrapa. Hablar de dejar ir es una trampa. ¿Por qué? Porque desde la perspectiva del amor divino, solo existe el amor divino. Solo existe esta presencia de completa pureza y amor, de armonía, exquisitez y dulzura. En este amor no dual, no hay nada allí para dejar ir. Entonces, ¿quién se va a rendir a quién?

Pero en la transición hacia la ausencia de un yo, se siente así. Al ir desde la experiencia habitual del ser humano a la experiencia de esta dimensión ilimitada del Amor Divino, tratamos de explicar que el proceso consiste en "dejar ir", "rendirse", "fundirse", "desaparecer" o "unirse con". Usamos todos estos términos y en capítulos posteriores veremos que en muchas etapas del viaje resulta pragmático ver la transición de esta manera: hacen referencia a la verdad de dónde estamos en dichas etapas. Así, cuando nos enfocamos en nuestra aproximación al amor divino, veremos que nuestro encuentro con él requiere que nos fundamos y nos rindamos, porque eso tiene sentido para nosotros en esa etapa. Pero si realmente queremos entender la dimensión del Amor Divino, debemos tener en mente las limitaciones de tales nociones y recordar que son intentos de referirnos a algo que en realidad no consiguen describir. Y, por ahora, voy a describir las cosas como realmente son, aunque no sea fácil captar la verdad sobre la realidad con el lenguaje.

El hecho mismo de que experimentemos el universo lleno de objetos físicos, incluyendo nuestros propios cuerpos, que tienen peso, opacidad y solidez, se debe a que no estamos viendo la omnipresencia del amor divino y la ausencia de forma de las dimensiones ilimitadas. Cuando estamos abiertos a la experiencia del amor divino, reconocemos que, desde su perspectiva, en realidad no hay un universo físico tal como nosotros pensamos en él. Eso que consideramos el universo físico no es sino una limitación de la percepción, puesto que el universo no es sino luz y amor. En realidad, no hay rocas. Las rocas no existen; solo pueden ser experimentadas.

Esta es una parte de la enseñanza que puede ser difícil de descifrar, pero es importante entender lo que está diciendo: a saber, que nuestra manera de experimentar el mundo —como este universo físico con entidades vivientes en él— es el resultado de *experimentar cosas,* en lugar de percibir la verdadera aseidad que realmente está ahí. Dios no experimenta nada; Dios *es* todas las cosas. Somos nosotros los que experimentamos cosas —nosotros tenemos experiencias— y esta es una de las principales barreras a la percepción de la divinidad y de la ausencia de límites. A esto me refiero cuando digo que una roca, y con ello quiero decir cualquier objeto físico, en realidad no existe. Solo puede ser experimentada. Su existencia como objeto separado no es fundamental, y esto es cierto en todas las dimensiones ilimitadas.

Mientras hay experiencia, hay objetos físicos. De modo que, podrías decir: "Oh, ¡te refieres a que no debería haber experiencia, y entonces podríamos percibir la divinidad!". Sí. Pero espera y entiende a qué me refiero. Si quieres acompañarme en esto, tienes que ser paciente. Estamos lidiando con una de las primeras barreras que surgen en la transición a las dimensiones ilimitadas, y es el concepto de experiencia. No se trata del tipo de experiencia que puedas tener, sino de la noción de experiencia en sí misma.

Normalmente, solemos pensar en ello de esta manera: para que haya una experiencia, debe haber alguien que tenga la experiencia. Tú crees que, si no estás allí como conciencia individual, cualquier cosa que esté allí no será experimentada, ¿cierto? Esta es la comprensión habitual, y significa que el concepto de experiencia está completamente vinculado con el concepto de ti mismo como existencia individual. Pensamos que solo las entidades individuales tienen experiencias, ¿correcto? Tú no dices que el universo tiene una experiencia. De modo que, en el momento en que imaginas que esta entidad viviente no está allí, piensas: "¿Cómo podría seguir habiendo experiencia?". Porque, al fin y al cabo, ¿quién iba a tener la experiencia?

De manera muy sutil, todos estamos operando de acuerdo con este concepto de experiencia y utilizándolo continuamente. En realidad, nunca hemos pensado en él, porque esto es algo que siempre hemos sabido: "Voy de una experiencia a otra, por supuesto. Siempre estoy experimentando algo, y para que haya una experiencia, tiene que haber un experimentador que sea alguien". Nadie discutiría eso. Si hay una discusión, consiste en si es posible que sea de otra manera. Pero en las dimensiones ilimitadas es de otra manera, y por eso son difíciles de integrar para la mayoría de la gente. Y, como he dicho, nuestro lenguaje no es adecuado para este propósito, es engañoso. Acabo de decir que estas dimensiones son difíciles de integrar para la gente, lo cual significa que hay algunas entidades que hacen algo, que logran integrarlo. Bien, en realidad no es así, pero nuestro lenguaje no está pensado para describir el sentido de percepción que tiene Dios. No tenemos un lenguaje divino. Los lenguajes humanos están construidos para describir las experiencias de los seres humanos, que van por ahí experimentando y creyéndose entidades individuales, básicamente cuerpos individuales, u objetos físicos capaces de locomoción.

Ahora bien, tú puedes tener una experiencia ilimitada de vez en cuando. Experimentas la ausencia de límites, y sientes que todo es uno. Sin embargo, no dura mucho. Y una de las razones por las que no dura es que crees que es una experiencia que estás teniendo. En cuanto piensas eso, el experimentador se reafirma a sí mismo como entidad individual, que ahora piensa: "¿No ha sido esta una experiencia asombrosa?". La experiencia de ausencia de límites no es a lo que normalmente nos referimos con la palabra "experiencia", pero la sensación que produce no es: "Yo estoy allí, teniendo una experiencia y luego otra experiencia". En la ausencia de límites del amor divino, en algún momento, el experimentador reconoce: "Oh, todo esto es un engaño, no hay experimentador". Y entonces el experimentador se ha ido, y solo queda lo que es. Hay conciencia; hay percepción y conciencia, porque el amor divino es consciente, es luz. Pero no hay nadie que esté teniendo la experiencia. Es más como: "Oh, así es como son las cosas. Esto es la realidad". La realidad es consciente de sí misma porque es conciencia, pero no es una experiencia que le esté sucediendo a alguien.

Es como que el que está teniendo la experiencia abandona. Entonces está la percepción de lo que está allí todo el tiempo; tú no llamas a eso una experiencia, ¿cierto? ¿Llamarías a la presencia de esta habitación una experiencia? ¿O es algo que simplemente está ahí? Es solo una habitación. Y tú sabes que, si te vas, la habitación seguirá allí. Eso es lo que es la dimensión del Amor Divino. Tú podrías irte de ella, lo que significa que volverías de nuevo a ser un individuo, pero eso no significa que ella se haya ido. Tú eres el que viene y va. Después de abandonar la dimensión ilimitada, podrías referirte a ella desde la memoria y decir: "Tuve la experiencia de ausencia de límites", pero entonces has vuelto a ser un experimentador teniendo experiencias. Si te quedas en la ausencia de límites, no dices: "Estoy teniendo una experiencia". Si hay experiencia, es la experiencia de Dios, y Dios no necesita decir "mía" porque Dios es lo único que hay. Para que "mía" tenga sentido, debe existir también "tuya" y "suya". Pero en el caso de Dios, no hay "tuya". Solo está esta presencia, esta realidad, esta verdad que está aquí. La experiencia no pertenece a nadie; es tal como es.

Por otra parte, con el *tener* una experiencia, siempre está mi experiencia, tu experiencia, su experiencia de él o de ella. No podemos concebir una experiencia que no esté relacionada con alguien teniéndola. De modo que la noción de experiencia está intrínsecamente vinculada con la propiedad. Cuando dices: "Estoy teniendo una experiencia" o "Tú estás teniendo una experiencia", estás diciendo que la persona es dueña de la experiencia. Esto es algo de lo que no solemos ser conscientes; damos por hecho que el dueño de la experiencia siempre es el experimentador. Y por eso a la gente le resulta difícil entender al ser divino. Porque entonces todo el mundo piensa que el ser divino, o la unidad de la existencia, tiene experiencias, como nosotros. De modo que hacemos de la divinidad o del ser supremo una especie de existencia individual en tiempo y espacio que tiene una sensación de apropiamiento.

Como es posible que nunca hayamos cuestionado esta sensación de que la experiencia siempre pertenece a alguien, surge un problema importante cuando el ser divino empieza a mostrarse al individuo. El individuo piensa: "Oh, no. Aquí tengo que soltar. Pero, si suelto, si me rindo, ¿quién va a tener la experiencia? Me la voy a perder. ¡No voy a estar allí para disfrutar de ella!". Esa es la lucha. Puedes anhelar la unión y la unidad de la rendición, pero a continuación te preocupa que esta rendición signifique que no va a ser tu experiencia. Podría ser de algún otro, tal vez la experiencia de Dios, pero no va a ser la tuya. Y entonces piensas: "Oh, no, yo quiero la experiencia. Yo quiero ser el que se rinda, y quiero estar allí para la unión y la fusión".

De modo que lo primero que tiene que ser captado y entendido aquí es: a lo que tenemos que renunciar, y lo que tenemos que metabolizar, es a nuestra noción de tener una experiencia. Porque, conforme entramos en la dimensión del Amor Divino, no es cuestión de: "Oh, aquí estoy, a punto de tener otra experiencia, tal como he venido teniendo experiencias todos estos años". Tal vez todas tus experiencias hayan sido así hasta ahora en este camino; tal vez hayas tenido experiencias profundas de la esencia y de ser y de ver la maravilla e incluso de experimentar la divinidad. De modo que ahí estás, viendo a Dios, o Dios te habla, o algo así. Pero ir realmente a la dimensión del Amor Divino es algo completamente distinto. Significa que toda esta corriente de tener experiencias se va a detener. Es como que hay un programa que ha estado funcionando en tu sistema operativo, que se registra a sí mismo: estoy teniendo experiencias de diversas cosas, ahora esta, ahora esta otra, ahora otra más. Y llega el momento en el que ese programa se va a parar. Ya no voy a registrar más percepciones. Y aquí surge el miedo de que, si eso se para, ya no habrá más experiencias. O si hay experiencia, no será mía.

Alguien está teniendo una experiencia mientras el universo de conciencia está siendo canalizado hacia un *locus* particular de conciencia. Es como si el individuo que está teniendo una experiencia de la dimensión ilimitada operara como una especie de esfínter, constriñendo el flujo de la conciencia universal en lo que siente como su propia experiencia particular. Pero cuando ese esfínter está completamente relajado y el canal —o el embudo— se disuelve, entonces la presencia es lo único que está allí, la cual es conciencia universal, sin constricciones. Y en este nivel, reconocemos la cualidad de esta conciencia como puro amor. Lo más cercano a ella que conocemos como seres humanos es el amor, aunque, como ya he dicho, no es amor en el sentido de amar a alguien. Es conciencia, es luz, es presencia. Pero dulce.

Cambiamos a todo un universo diferente. En cierto sentido, vamos del universo físico al universo celestial. No significa que hayas ido a ninguna parte. El cielo no está en algún otro lugar y Dios no vive en el cielo. Dios, el ser divino, no es más que la realidad en la que siempre estamos, pero sin tener la experiencia de ella. Es la Realidad siendo ella misma, consciente de sí misma, tal como es, y sin ser canalizada por un individuo particular. De modo que podemos hablar de una experiencia de la realidad, y pensar que la estamos teniendo, pero en verdad es una distorsión. No hay experiencia de la realidad; solo está la realidad.

Sin embargo, en el nivel convencional, solo existe la experiencia individual. Mientras pensemos en nosotros mismos como un alma individual, como esta entidad, esta persona con su propia existencia separada, tiene sentido hablar de tener experiencias y después hablar de dejar ir, de rendirse, y de todas esas cosas. Funciona en cierta medida mirar a las cosas de esta manera, y como he dicho, haremos esto en los últimos capítulos, porque nos puede llevar hacia la divinidad de un modo que nos resulte más fácil en nuestras vidas normales. Pero aquí no me estoy aproximando a ello de esta manera, y quiero dejar claro que, en último término, este planteamiento tiene una limitación significativa. El problema es que siempre estaremos limitados a tener experiencias con la divinidad en lugar de la verdadera realización de la divinidad.

En última instancia, con lo que tenemos que lidiar es con el miedo a perder nuestra propia experiencia, que es el miedo a la pérdida de la individualidad, de la separación, del personalismo. Y tanto si has venido experimentando la individualidad al nivel de la personalidad o al nivel esencial como esencia personal, podrías tener miedo a perderla. En verdad, la experiencia de rendición no consiste en rendir tu identidad. No es una cuestión de quién eres como individuo, sino de que eres un individuo. No es la rendición del "yo" sino la rendición del "mi", que en cierto sentido es algo más sutil y difícil.

De modo que, si pierdes la sensación de tener tu propia experiencia, eso no significa que vayas a perder tu sensación de autonomía, tu independencia. Tú piensas que sí, esto se debe al problema fundamental de no ser capaz de diferenciar la experiencia del concepto de que hay alguien que la tiene. "¿Cómo puedo ser independiente si no tengo mi propia experiencia?". De modo que todo el mundo dice: "Quiero tener *mi* experiencia, mi propia experiencia". Y sí, es bueno tenerla durante algún tiempo, pero finalmente tenemos que ir más lejos. Y en ese punto todo el mundo dice: "No, quiero seguir teniendo *mi* experiencia. Voy a experimentar a Dios a mi manera".

En realidad, todo es una cuestión de falta de entendimiento, que da como resultado la falta de precisión en el lenguaje que usamos. Nosotros no entendemos lo que es la realidad, y por tanto no entendemos cómo puede haber existencia, cómo puede haber percepción y vida, sin nuestra noción habitual de experiencia. Si dejo ir mi sensación de mi experiencia individual y de ser un experimentador individual, ¿seguirá habiendo percepción? ¿Será mía? ¿Cómo será? ¿Cómo voy a vivir *mi* vida? No lo sabemos, y esa ignorancia produce todos estos miedos y preocupaciones.

Pero la conciencia existe sin experiencia individual, sin que un individuo separado tenga una experiencia. En la falta de límites del amor divino, la conciencia o presencia está en todas partes. Está en todas partes del mismo modo en que el espacio está por todas partes, dentro de lo físico, incluso dentro de los átomos. Nada escapa a él. No hay lugar donde no esté. Y es una totalidad indivisa. Y dentro de este océano de conciencia amorosa, nuestra presencia personal es simplemente una condensación más: una gota más densa, más llena del océano de néctar. El océano del amor divino permanece indiviso, y es la sustancia misma de esta gota de néctar, que nunca está separada del océano de amor.

SESIÓN DE PRÁCTICA
ADUEÑARSE DE LA EXPERIENCIA

En el ejercicio siguiente, vamos a explorar la noción de adueñarte de tu experiencia —con lo que me refiero a poseerla, hacer que sea tuya— realizando un tipo de ejercicio denominado *repetición de la pregunta*. Si estás haciendo este ejercicio con otra persona, plantearás la pregunta a tu compañero una y otra vez durante quince minutos. Cada vez que se plantee la pregunta, la persona responderá espontáneamente con lo que se le ocurra. Las respuestas pueden ser de pocas palabras o muchas frases, cualquier cosa que tenga que ser dicha. Después de cada respuesta, la persona que pregunta dice: "Gracias", y vuelve a plantear la pregunta. Una vez transcurridos los quince minutos, cambiáis de papeles para que la otra persona pueda responder a la misma pregunta. Cuando ambos habéis respondido a la primera pregunta, haced lo mismo con la segunda.

Si no tienes un compañero con el que hacer esto, puedes responder las preguntas por escrito tantas veces como sea posible dentro del tiempo asignado. O puedes grabar las preguntas y hacer que el ordenador u otro aparato te la vuelva a plantear cada vez después de haberla respondido en voz alta.

¿Qué es correcto con respecto a apropiarte de tu experiencia? Dime qué hace que tu experiencia sea tu experiencia.

... ...

PREGUNTAS Y COMENTARIOS

Alumno: Tengo dos comentarios. Para la primera pregunta, en mi caso lo que ha surgido es que hay distintos yoes en mí, y que cada uno tiene sus propias experiencias, y si cambio de uno a otro, tengo una manera totalmente distinta de ver el mundo. Y me siento confuso con respecto a quién se está adueñando de la experiencia. ¿Cuál es el yo que está activo? Y a continuación, para la segunda pregunta, lo que ha surgido es que lo que parece hacer que algo sea mi experiencia es el contacto pleno. Sin eso, habría algo de separación. Pero al tener esa experiencia directamente, ahí hay una plenitud de contacto, y esa cualidad misma de pleno contacto conlleva una cualidad ilimitada. Parece ser más conciencia que experiencia.

A. H. Almaas: Tiene sentido, sí. Cuanto menos te aferras a la sensación de experiencia individual, más la sientes como una conciencia. No la sentirás como que estás teniendo una experiencia. Se sentirá como que hay una percepción de la realidad, más que una experiencia interna. Cuando cierras los ojos y a continuación los abres y ves el edificio, ¿estás teniendo una experiencia interna? No, simplemente estás viendo lo que está ahí. Entonces, cuando el concepto de experiencia no es operativo, lo que hay allí es simple percepción. ¿Y la primera pregunta era...?

Alumno: Es sobre los distintos yoes. Que cada yo parece tener su propia experiencia. Es como que hay cierta confusión con respecto a quién se adueña de estas experiencias.

AH: Estoy seguro, sí. No se trata solo de si es tu experiencia o no, sino de quién de vosotros se adueña de ella, ¿correcto? De modo que cuando ves que hay distintos yoes en ti que perciben lo que es tu experiencia y piensan naturalmente que ellos son los dueños, entonces cabe la posibilidad de unificación, de modo que solo haya una persona teniendo la experiencia. Y más adelante es posible ir más allá de eso, más allá del experimentador.

Alumna: Llegué a la etapa en la que sentía que solo era un punto, y se siente como que eso es lo que crea la experiencia. Eso es lo que separa la conciencia haciendo que ella pueda experimentarse a sí misma, y también parece que estoy limitada por ella, de modo que no tengo manera de salir del "yo", al menos desde este lugar donde estoy ahora.

AH: Sí. Eso tiene sentido. No tienes manera de salir de la experimentadora. No eres tú sola, en particular, quien tiene dificultades con esto, es algo universal. La experimentadora no puede salir de ser una experimentadora. Por eso, la única posibilidad es la gracia. Lo que significa que el amor divino mismo se manifiesta y disuelve tu sensación de ser la experimentadora separada. Todo lo que puedes hacer es entender la situación tan plenamente como puedas. De ese modo, no cooperas en la resistencia al amor divino. Sin embargo, la sensación de ti misma como un punto no tiene por qué ser como la estás contando. El punto puede ser un puro y simple testificar lo que ocurre, sin que el testigo esté separado de lo testificado. El punto es un modo de experimentar la pura conciencia o presencia, y si te permites a ti misma ser eso, acaba transformándose en una conciencia ilimitada e infinita.

Alumno: Me parece que cuando era un niño pequeño simplemente flotaba en un campo de experiencia multidimensional, sin tener necesariamente ningún recuerdo de que esto ocurría. Entonces, mediante el aprendizaje del lenguaje, y de fijar y discriminar, se creó la memoria. Y a medida que creo una base cada vez más amplia de memoria, con todo su lenguaje, de hecho estoy creando un yo cada vez más amplio. Eso crea la estructura. A través de la identificación con el almacén de memoria, cuando surge algo, lo etiqueto en función de mi memoria. La identificación con este proceso parece ser la forma en que creo mi experiencia y la hago mía.

AH: Tiene sentido. De modo que estás viendo el proceso a través del cual se desarrolla el experimentador individual. Un punto importante de lo que has dicho es que al principio eras este bebé flotando en una realidad multidimensional, ¿cierto? Bien, en parte, la experiencia de ser un bebé flotando en la realidad multidimensional está creada por el experimentador. Tú eres la realidad multidimensional y el bebé solo es tu sentido del "yo". ¿Lo ves? Generalmente, pensamos que somos eso. Esa identidad por la que nosotros somos el bebé, o el cuerpo, o cualquier otra cosa, es una de las cosas iniciales que desarrolla la sensación de ser un experimentador separado.

Alumno: Cuando intenté descubrir qué hace que mi experiencia sea mi experiencia, surgieron dos formas que parecen contradictorias. La primera parece estar en el nivel superficial: cuando comparto mi experiencia y obtengo validación del exterior, así es como trato de hacer de ella mi experiencia. Pero a veces puedo sentir que mi experiencia es realmente mía, y entonces no siento que necesite ser compartida. Generalmente, a eso le acompaña una sensación de soledad, pero también una seguridad total. Es más como un estado en el que percibo el ruido de la habitación, o cualquier cosa, pero también hay soledad. No la soledad de sentirse solo, sino la soledad de simplemente estar solo.

AH: Soledad. Eso es cierto. De modo que, a medida que pasas por eso, a medida que reconoces al experimentador, y tu propio experimentador reconoce que no hay necesidad de compartirlo, sientes la soledad (de simplemente estar solo). Esta soledad es algo real, y es una transición. Estar solo no significa sentirse solo: simplemente estás aceptando una situación existencial. Tanto el deseo de compartir como el sentimiento de soledad reflejan la verdad de que no eres ese experimentador separado, pero son interpretados a través de su filtro. Lo cual te dice que si eres un experimentador separado, individual, entonces hay otros con quienes podrías compartir cosas, ¿cierto? Y también que puedes estar solo. En cualquiera caso, si tú eres la presencia divina sin límites, ¿qué significa compartir tu experiencia? En realidad, entonces no hay necesidad de compartirla. No debido a que esté ausente el sentimiento de esa necesidad, sino porque simplemente no tiene sentido. Y la soledad también es un concepto que deja de tener sentido. De modo que el compartir es que quieres conexión, lo cual es un reflejo de querer amor ilimitado. Por eso siempre queremos compartir, porque el amor ilimitado es nuestra verdadera naturaleza, y el anhelo de él surge de un lugar profundo. Se expresa en todo tipo de maneras de comunicar, compartir y tener intimidad. Pero, a medida que profundizamos, empezamos a experimentar esa soledad, y la soledad puede ser la transición a ese estado de ausencia de límites.

Alumno: Descubrí que hacía de "una" experiencia "mi" experiencia, y que me adueñaba de ella a medida que mi mente envolvía ese fenómeno, cualquiera que fuese. Así, mirar a los ojos de mi compañera y encontrarlos atractivos, o verlos moverse, causó que en mi cabeza se activara rápidamente cierto proceso de pensamiento. Me ató a la experiencia y la hizo mía. Me separó de la experiencia. Me hizo estar aquí, y la experiencia estaba allí fuera. En la medida en que pude relajar este proceso y permitir que la experiencia fuera pura, sin la intervención de la mente conceptualizadora, sentí que la separación entre la experiencia y yo desaparecía. Y entonces me convertí en la experiencia, en lugar de poseerla o de ser su experimentador. De modo que entonces fue un fenómeno muy diferente. En mi proceso, una barrera pareció relajarse.

AH: De modo que el experimentador no está separado de la experiencia. Pero ¿hay un experimentador en esa experiencia? ¿Cuándo te conviertes en la experiencia?

Alumno: Ciertamente, el experimentador no era tan definitivo. Había menos experimentador. Se convirtió mucho más en algo así como una experiencia por sí misma.

AH: Correcto. ¿Ves? El proceso conceptual que ocurre en la cabeza, con respecto a ver a otra persona, todo este procesamiento mental..., en ese proceso está implícita la conceptualización de un experimentador. Estás tú y está la otra persona. Y tú piensas en ti relacionándote con la otra persona. Ese momento de pensar está generándote a ti como persona individual separada, que se está relacionando con esta persona y está teniendo una experiencia. Por eso, cuando el proceso mental se aquieta, perdemos esa sensación de separación. Pero, en realidad, no es solo el hecho de pensar. Hay cosas específicas implícitas en los pensamientos; hay contenido, y el contenido es que tú estás relacionándote con alguien más. Realmente, esto es lo que crea la separación, no solo el hecho mismo de pensar. Porque, si pudieras pensar sin creer implícitamente que estas ideas son verdad, podrías pensar sin la sensación de ser el experimentador.

Alumno: Sentí que se producían pequeñas activaciones de pensamientos extremadamente rápidos, dirigiéndose hacia fuera, hacia el espacio que hay aquí. No podría atrapar la mayoría de ellos. De vez en cuando, uno se asentaba, pero en su mayoría salían sin parar.

AH: De modo que tuviste un vislumbre de este trasfondo de pensamientos, que ciertamente es así. Es muy rápido; se está produciendo constantemente.

Alumno: Y eso es lo que crea al experimentador. Y lo mantiene en su lugar.

AH: Exactamente. Por eso decimos que es una creación mental. Realmente, la mente está haciendo eso.

Alumno: Todo este concepto me está costando. He descubierto que estaba muy enfadado. Estaba enfadado contigo, y estaba enfadado con el concepto del amor divino y de Dios. Me crié en una familia judía, y creo que crecí con todo ese miedo al que quedé expuesto en ese entorno. Me cuesta creer que allí fuera haya una energía nutricia de la que soy parte, y que cuidará de mí. Que puedo confiar en ella y soltar mis límites y mi sensación de individualidad. Y te oigo hablar de dejar ir y de sentirse arropado, y del amor nutricio y de la energía de fusión, y simplemente no te sigo. No sé dónde encajo en el universo basado en lo que estás diciendo.

AH: Muy buen punto. Estoy seguro de que hay otras personas sintiendo cosas similares sobre esta cuestión del amor divino: "Yo no veo ningún amor divino. He estado haciéndolo todo por mi cuenta, sin mucha ayuda, y la mayor parte del tiempo es muy pesado". Esto es algo que el tema del amor divino y su ausencia de límites sacará a la luz en muchas personas: la cuestión de la confianza básica y de sentirse arropado. Es posible que ya hayas contemplado esto con relación a tu entorno infantil y a la sensación de si puedes confiar en que el mundo es seguro. Pero volverá a salir aquí, porque está particularmente relacionado con el amor divino. E irá acompañado de enfado y de un sentimiento de odio hacia la idea del amor divino. Cuando se nos invita a ver la verdad de la bondad del universo —que no es otra cosa que amor divino—, esto puede hacer que seamos muy conscientes de que nos sentimos totalmente desconectados de él, y de la sensación de privación y abandono con la que nos ha dejado nuestra historia. Esto se manifiesta en lo que solemos llamar *el problema de la bestia.* Cuando la bestia está activa, no es solo que no crees en la existencia del amor divino; incluso si lo ves, lo odias. Incluso si se te muestra el amor divino, la reacción inmediata es un sentimiento de enfado: "¿Dónde has estado todo este tiempo?".

Alumno: ¿Qué es este problema de la bestia?

AH: La bestia surge cuando la personalidad del individuo se relaciona con la idea de que Dios es una persona, y conlleva la misma dinámica de relación que la de un niño pequeño con su madre. Si el niño pequeño se siente abandonado por su madre durante el tiempo suficiente, entonces, incluso si ella retoma el contacto llena de amor, la primera respuesta del niño suele ser de rechazo enfadado. Asimismo, si sentimos que Dios no estaba allí cuando estábamos sufriendo, y por lo tanto nos hemos sentido abandonados, cuando el amor de Dios finalmente aparece, lo odiamos. Nos oponemos a él y decimos que no lo queremos. Hay un nivel de desconfianza hacia la idea de que existe este amor, y no creemos en él porque nos hemos sentido amargamente decepcionados por él. Pero también hay un nivel de *no querer* creer en él, y de querer destruirlo para no tener que arriesgarnos a la vulnerabilidad que conlleva depender de él. De modo que la bestia se opone a la luz, se opone al amor mismo. Y eso está bien, es parte de lo que surge y se le tiene que dejar su espacio, sin llegar a actuarlo o representarlo.

Alumno: Bien, supongo que todavía dudo de que haya una realidad que está más allá de todo. Al menos más allá de mi comprensión. Porque, entonces, ¿cuál es la realidad de algo como el holocausto, o Bosnia, o Randa o cualquiera de las cosas horribles que les ocurren en el mundo a personas buenas, a personas que creen en Dios o en algún tipo de espíritu?

AH: Sí, eso es verdad. Todo eso ocurre. Y una de las principales razones por las que ocurre es que todo el mundo va por ahí creyendo que son experimentadores separados e independientes que necesitan protegerse y adueñarse de su territorio, y quieren expandir su territorio. Si las personas reconocieran que realmente no son seres independientes y separados, que todo es una realidad viviente, no creo que se hicieran eso unas a las otras.

Alumno: Puedo entender eso.

AH: De modo que esa es realmente una consecuencia muy directa. Cuanto más te ves a ti mismo como una isla separada e independiente, más miedo tienes, y más vas a querer protegerte. Y a continuación, la protección se convierte en un ataque. Después surgirá el odio, la enemistad y la división. De modo que el amor divino ayuda con estas cosas. Por eso, a veces al amor divino se le llama amor crístico. Porque disuelve todas estas fronteras y separaciones. Muestra que todos somos uno, realmente.

Alumno: Me impactó mucho la paradoja de la primera pregunta, sobre adueñarse de la experiencia. Y me di cuenta de que el adueñarse tiene una cualidad de permanencia, y la experiencia tiene una cualidad muy efímera. A todas estas experiencias transitorias, yo les doy una especie de sustancialidad en términos de considerarlas como mi identidad. Y hay una especie de paradoja en esto. Porque, ¿cómo pueden todas estas cosas efímeras crear un sentido del yo que sea permanente?

AH: Sí, es una paradoja interesante. Lo mismo ocurre con la divina presencia. La divina presencia es siempre ilimitada, infinita, completamente amorosa y consciente. Pero la presencia divina puede limitarse a sí misma empezando a mirar a través de un par de ojos, y después identificándose con eso. Puede identificarse con un cuerpo en la medida que se olvida de quién es realmente.

Pero aquí hay algo en lo que quiero hacer énfasis. Cuando hablé del amor divino y de cómo transciende todos los límites, no estaba diciendo que *tú* deberías intentar transcender esos límites. No di ninguna exhortación para renunciar a la separación, a tu yo separado. Estamos trabajando en entenderlo, solo estamos investigándolo. Recuerda lo que dije: la entidad individual, el individuo separado, no puede salir de donde está. Por eso, no me dedico a decirte cómo salir. Solo podemos entender. Y en tu vida, las circunstancias podrían darse de cierta manera, el amor divino podría surgir de una manera particular para ti, para mostrarte su verdad. De modo que solo puedes indagar y entender, y al entender te armonizarás con la verdad que ves. No necesitas hacer nada: nadie te va a pedir que hagas nada. Tu propia comprensión desplegará tu experiencia por dondequiera que vaya, de modo que te resultará congruente. No es algo a lo que tengas que renunciar cuando no quieres renunciar a ello. Y mientras no quieras renunciar a ello, no renunciarás. Solo renuncias a ello cuando reconoces y entiendes que en realidad no existe. Te das cuenta de que has estado creyendo algo que no era verdad. Y entonces, ya no sientes como que estás renunciando a ello; simplemente cambias de opinión, en cierto sentido. Es una especie de experiencia de conversión.

Alumno: Estaba examinando el reconocimiento de mi propia experiencia. Cuando estoy presente con mi experiencia, tengo una sensación intuitiva de que es mía. Pero parece haber un nivel de alma más profundo. Por ejemplo, si voy a un retiro y paso por todos los altibajos y reconozco: "Ah, eso es mi fijación, o este es mi camino particular para atravesar esto, y otras personas lo hacen de otra manera". Esto parece ser un nivel de ello. Al reconocer esto, aunque son fijaciones y cosas así, reconozco que me acerco a mí mismo porque soy más consciente de ellas.

Otro ejemplo es cuando reconozco la forma particular en que algo, como una película, me afecta, y siento que estoy en contacto con mi guía, o que mi alma se despliega y se ve afectada de cierta manera por esa experiencia. Y entonces podría entrar en algo como: "Oh, soy especial. Estoy validado. Estoy teniendo esta experiencia, este soy yo". Y puedo seguir por ahí. Y entonces estoy siguiendo un hilo. Hay una parte interna de ese hilo donde suelto la necesidad de validación y entro en contacto con una guía o un despliegue más profundos. Y lo siento lleno, de modo que no necesito autorreferenciarme: "Oh, esto soy yo y soy especial", y todo eso. Quiero decir que ahí sigue habiendo un experimentador, pero se vuelve mucho más transparente. Así, para mí, el hilo que hilvana todo esto es que, de cierta manera, reconozco que lo divino se está manifestando. En mi caso, en cierto sentido se está desplegando el alma.

AH: ¿Ves? Primero tienes que apropiarte de tu experiencia. Tienes que reconocerla, adueñarte de ella y vivirla antes de poder ir más allá de ella. Porque, básicamente, adueñarte y reconocer tu experiencia es reconocer tu naturaleza esencial. Pero, a medida que reconoces tu naturaleza esencial, en algún punto te das cuenta de que tu naturaleza esencial también es la naturaleza esencial de todas las cosas. Entonces, cuando reconoces esto, te das cuenta: "Oh, esta experiencia no es mía". Pero así es como funciona el proceso, tal como lo has descrito.

Alumno: Esto me ha llevado al tema de la memoria, porque has hablado de tu experiencia de la dimensión ilimitada en tu libro *Luminous Night's Journey*. Y me pregunto, ¿hubo algún recuerdo de eso después? Parece que cuando entras en el espacio ilimitado, si pierdes el sentido de que la experiencia es mía, aquí es donde me quedo atascado; quiero ser capaz de entrar en ese espacio y recordarlo al salir. De modo que no puedo ir más allá de "esta experiencia es mía". En una ocasión, en una sesión privada, tuve una experiencia donde de repente sentí que había perdido la conciencia. Y cuando volví, me di cuenta de que me había olvidado de que había un yo; de algún modo, yo había dejado de existir. Pero no podía recordar lo ocurrido más allá de ese punto, solo hasta dejar de existir.

AH: Bien, eso ocurre, sí. Hay cierto tipo de situación donde dejas de existir. Y cuando dejas de existir, por supuesto no recuerdas porque no hay nada que recordar. Y no queda nadie allí para recordar nada. De modo que no es como que no recuerdas. Es más como que no hay contenido que haya de ser recordado.

Alumno: Entonces, esto me lleva al tema de la motivación. Y no puedo estar sin un motivo. Si estoy sin motivo, ¿para qué molestarme?

AH: Si realmente estás sin motivo, solo verás la divina presencia. No tener un motivo consciente no significa que no tengas un motivo. Probablemente tienes millones de motivos, incluso cuando sientes que no tienes un motivo. Las personas apáticas y poco motivadas, esas personas tienen muchos motivos muy profundos. Simplemente no son conscientes de ellos, están reprimidos. Alguien que realmente no tiene motivos es alguien que está realizado.

DOS
Atenuar la luz

Cuando nuestra alma está abierta a las dimensiones del Amor Divino, empezamos a experimentar nuestra verdadera naturaleza, libre de limitaciones. Antes de eso, es posible que experimentemos nuestra verdadera naturaleza como presencia esencial, pero la experimentamos como si estuviese dentro de nuestro cuerpo, como la naturaleza interna del alma. En la dimensión del Amor Divino, empezamos a experimentar nuestra naturaleza más cerca de lo que realmente es. Ahora está libre de la limitación del *principio ego,* el término que usamos para la identificación con ser una entidad limitada, un individuo definido. El término *principio ego* suena moderno y occidental, pero solo es un modo de traducir el antiguo término sánscrito *ahamkara.* Es la manera en que la mayoría de las personas se experimentan a sí mismas, y no es nada esotérico. Es como el alma se experimenta a sí misma cuando tiene sobre ella la impronta de la estructura del ego: "Yo soy esta persona, este individuo separado, que nació y ahora vive, y hago esto y aquello, e interactúo con otras personas, que también están separadas y son diferentes de mí. Yo tengo mis características únicas y ellos las suyas. Podemos interactuar y compartir, o luchar y todo eso". Esta es la base del principio ego, del *ahamkara.*

45

A medida que penetramos a través de eso, a medida que somos capaces de experimentar nuestra naturaleza esencial sin esa limitación (que simplemente es una construcción de la mente que se ha hecho habitual), experimentamos nuestra verdadera naturaleza de maneras ligeramente diferentes, dependiendo de cuál de las dimensiones ilimitadas esté revelándose.

En la dimensión que estamos explorando, nos damos cuenta de que, en lugar de conciencia o consciencia, nuestra verdadera naturaleza es amor divino, que puede experimentarse como amor, como presencia o como luz. La forma de experimentarlo depende de cuál de los tres centros sutiles sea el dominante. Si el centro del vientre es el dominante, la experimentamos como presencia, como amor si el centro corazón es el dominante, y como luz si el dominante es el centro de la cabeza. Sin embargo, todo es una cosa: no están separados, con diferentes características. La Realidad es presencia, la presencia misma puede expresarse como amor, y el amor mismo es la luz. Y es divina porque está libre de las limitaciones de la perspectiva del ego. Está presente el reconocimiento de que mi naturaleza, lo que soy, no es diferente de lo que la realidad es, este océano infinito e indiviso de pura luz amorosa que es existencia o presencia.

La luz puede manifestarse con diversos grados de intensidad: puede ser más tenue o más brillante. Cuanto más intensa y brillante es la luz, más verás la realidad de cómo son las cosas. Cuanto menos intensa y más tenue es la luz, más oscura e imprecisa será tu percepción. Generalmente, esta luz, o amor, o presencia se manifiesta más intensamente en los seres humanos de lo que lo hace, por ejemplo, en las rocas o en los árboles. Pero incluso en los seres humanos, se manifiesta con diversos grados de pureza, intensidad y brillo. Cuando se manifiesta en un ser humano de manera tenue, esta tenuidad de la luz significa que este ser se experimenta a sí mismo como un individuo separado y limitado. Todo parece estar separado porque los límites de las cosas, sus superficies, se vuelven menos transparentes; son densas y opacas a esta luz porque no es tan intensa. La superficie de las cosas se vuelve más dominante en la percepción que esa persona tiene de la realidad, y por lo tanto más importante. Finalmente, la partición entre las cosas se vuelve tan predominante que la persona cree que es esta entidad limitada sentada allí, en su cuerpo separado, en un mundo lleno de personas separadas y objetos físicos.

Pero si esta luz se intensifica en la localización del cuerpo, penetra mejor a través de estas superficies y límites. Y cuanto más penetra, más revela que en último término estas superficies no son opacas; en realidad, la luz las atraviesa completamente. De modo que, cuando la luz es tenue, tenemos la experiencia convencional del ego. Cuando la luz es brillante, tenemos lo que llamamos un buda, o un individuo realizado. La luz es la misma en los dos, la misma presencia, conciencia y aseidad, pero diferentes grados de ella dan como resultado distintas percepciones de la realidad.

De modo que, aunque este resplandor de luz atraviesa completamente todas las cosas y rezuma desde todas ellas, a medida que se hace más tenue donde yo estoy, dejo de verla. Empiezo a ver solo los objetos y personas como cosas separadas. Sin embargo, como esta luz es inherente a nuestra naturaleza, nuestra sensación innata de estar enraizados en ese océano omnipresente de luz divina, amor y conciencia no desaparece completamente. Entonces, cuando todavía estamos abiertos a él, se manifiesta como amor por alguien o por algo, como la naturaleza. Cuando lo experimentamos como amor por otro, no es sino un reflejo del hecho de que nosotros y el otro somos uno, estamos hechos del mismo amor, pero percibido a través de la limitación de una frontera que dice que somos dos.

No obstante, la frontera entre las dos personas ya no es tan densa y opaca, y el amor divino emerge a través del corazón, pues ese es el lugar en el que esta presencia emerge con más facilidad en nosotros. A lo que surge le llamamos amor. En nuestra experiencia individual, se manifiesta como distintas cualidades; por ejemplo, como amor rosa o como amor de fusión. El amor rosa es un amor personal, o el gusto por alguien o algo. Está caracterizado por la suavidad y la ternura, y apreciamos la belleza que vemos en la expresión individual y única de la realidad en otra persona. El amor de fusión es un estado delicioso en el que las estructuras y los límites que causan el sentimiento de separación entre dos almas —o entre nosotros y la fuente— se relajan y se funden.

Sin embargo, si estamos atascados en nuestra creencia en el principio ego, en el concepto de ser una entidad individual separada, los límites siguen siendo opacos. La luz es tenue y el amor no está allí. Pero entonces experimentamos el anhelo de amor, el anhelo de ser uno con alguien más. Hay un deseo de contacto, de cercanía, de compartir y de estar juntos; un anhelo de intimidad y fusión. Y todo esto se debe a que no reconocemos que ya somos uno con el otro. De modo que digo que quiero compartir mi vida contigo. ¿A qué me refiero cuando hablo de "compartirme a mí mismo"? Yo soy tú. ¿Cómo puedo compartirme contigo? El querer compartirme contigo, el que queramos compartirnos uno con el otro, viene motivado por el hecho de que la unidad subyace a toda nuestra experiencia. Hay un deseo de compartir porque la unidad está siendo expresada a través de la dualidad. Está siendo percibida a través del filtro del principio ego, que piensa que hay dos personas que pueden compartir y que, al compartir, tal vez emerja el amor y nos acerque más.

Como no somos conscientes de que nuestra verdadera naturaleza es este resplandor omnipresente sin límites de puro amor y luz, cuando tenemos algo que nos gusta, nos apegamos a ello. Nos volvemos posesivos. Si hay alguien a quien amas, estás apegado a él o ella. Te apegas a cualquier objeto que ames. Entonces, ¿qué es el apego? Es un sustituto del amor divino. El apego es un modo de intentar tener el sentimiento de que yo soy uno con esto: ahora lo tengo, es mío, y no puede abandonarme. Si reconoces la dimensión del Amor Divino, sabes que tú y el objeto sois una cosa, de modo que no necesitas aferrarte a él. Pero como no sabes conscientemente que todo es una cosa —solo lo sabes inconscientemente—, crees ser una cosa separada que puede tener otra cosa. Y así desarrollamos apegos. Estamos obligados a desarrollar apegos; es nuestra manera de preservar la cercanía y la conexión.

Pero si exploramos el apego, reconocemos que, de hecho, es una negatividad, es el resultado de una frustración del corazón. Podemos ver que el apego es una especie de fusión negativa, no es una verdadera fusión. Es un deseo del estado de la divinidad, de este amor divino que está por todas partes, pero queda frustrado por la sensación de los límites separadores. Nosotros somos esta unidad, que es bella y armoniosa, liberada y completa, de modo que cuando estamos experimentándonos como algo limitado y constreñido, no podemos evitar anhelar esa unidad. Si en cierto sentido nuestra oscuridad es ligera, lo experimentamos como un anhelo de unión con lo divino, con Dios. Si nuestra oscuridad es un poco más densa, lo experimentamos como un anhelo de unirnos con alguien más. Si nuestra oscuridad es todavía más densa, solo lo experimentamos como frustración: deseo frustrado. Apego significa que tienes el amor divino sin tenerlo; el ego cree que alcanza la unidad de esa manera, pero en realidad no la tiene. En un estado de apego, aunque te aferras a algo que crees querer, dentro del apego está la frustración, porque no estás consiguiendo lo que realmente quieres, la unión amorosa.

Así, esta es la razón por la que todas las técnicas guardan relación con intensificar el brillo en el lugar de tu alma; intensificar el brillo, la luz, la conciencia del alma. Distintas tradiciones tienen distintas maneras de explicar cómo se atenúa la luz en cierto lugar. Por ejemplo, la tradición hindú del yoga habla del principio *ahamkara* y de todas las impresiones y tendencias del alma que vienen de experiencias pasadas, y tienden a predisponerte hacia cosas similares a ellas.

Si eres cristiano, entonces el concepto que se usa es el de pecado, pecado original, la Caída, y todas las pasiones que resultan de ella. Así, la manera de intensificar la luz es cultivar las virtudes, que conducen a la redención. Trabajas con las impurezas del alma, lo que yo llamo las cualidades a las que es posible culpar.

Si eres budista, empleas la comprensión de los tres venenos: ignorancia, apego y aversión. Cada uno de ellos da lugar a diversos rasgos negativos. Y si para entenderlo usamos nuestra psicología moderna, podemos decir que el desarrollo de la estructura ego y nuestra identificación con ella oscurecen la luz interna. Todo esto son historias, intentos de describir y de entender cómo se atenúa la luz, y ninguna de ellas es completamente precisa. Todo lo que sabemos es que la luz se atenúa o se hace más brillante. Esto lo sabemos seguro. Cada cultura, cada era, ha tenido su propia manera de explicarlo. Tal vez dentro de doscientos años habrá una manera completamente distinta de explicarlo, que será significativa para ese tiempo particular. Por tanto, cualquiera que sea la comprensión que empleemos de la psique humana, cuando la combinamos con la idea de atenuar y abrillantar la luz, se desarrollarán técnicas para intensificar la luz.

Si la luz no está atenuada, tu sensación de quien eres tiene la cualidad del amor divino; una cualidad muy ligera, brillante y vacía, que también es suave, delicada, y al mismo tiempo está fundida. He descrito que esta amorosa luz divina está en todas partes, y todo se manifiesta a partir de ella: todo es una sola cosa. Esta cosa puede reconocerse a sí misma incluso cuando se manifiesta en la forma de un individuo, pero solo si esa forma individual encarna la esencia de la pura luz. Y hemos visto que una de las cosas que crea la atenuación es el principio ego: la creencia de que somos un alma individual separada, que está por su cuenta. Esto es lo que el budismo llama el yo, y es la visión habitual de nosotros mismos. Desde esta perspectiva, en lugar de que el amor divino todavía se reconozca de cierta forma, la persona solo se reconoce a sí misma como esta entidad separada que se mueve en el espacio y en el tiempo. Desde la perspectiva del amor divino, en realidad esa persona no existe, porque verdaderamente todo es amor, luz y presencia.

En el capítulo anterior, hemos examinado que esta sensación de individualidad separada conduce a la idea de la experiencia personal, de tener tu propia experiencia, que es una de las maneras en que el principio ego atenúa la luz. Ahora estoy examinando otra de las maneras en que se produce la atenuación debido a cómo experimentamos las cosas, y esta manera es el apego. En toda tu experiencia hay un elemento de apego. Tienes apego a las cosas buenas y quieres conservarlas; y quieres empujar lejos las cosas malas. En ambos casos, está operando el principio ego, creyendo que existe el yo y que existe el otro. Puedo aferrarme al otro o empujarlo lejos. Si te aferras a el, creas tu propia familia, tu propia tribu. Si lo alejas, creas enemigos y cosas parecidas, y empiezan las guerras.

De modo que así es como funciona el apego, como una fusión negativa. Cuando nuestra luz está atenuada por el principio ego y su sentido de propiedad, el deseo de fusión y de unión con lo divino se convierte en apego. El apego es una forma sustitutiva de la fusión —en la que la frustración es inherente— y es la única fusión de la que el ego es capaz. Incluso la noción de querer la unión, de anhelar la unión, refleja tu creencia de que eres el dueño de la experiencia y del apego que trae consigo. Lo que quieres es "tu" unión con lo divino, y estás apegado a esta idea. Así, ahora vamos a explorar esto con más detenimiento haciendo un ejercicio sobre el apego.

SESIÓN DE PRÁCTICA
APEGO

En este ejercicio vas a trabajar con una o dos personas más, si es posible. Cada persona del grupo hará un monólogo de quince minutos. Si estás solo, puedes ir anotando tu exploración durante los quince minutos. La idea es expresar —bien verbalmente o por escrito—, lo que surja espontáneamente, sin censurar nada. Mantén una actitud de curiosidad e interés por cualquier cosa que aparezca, y sigue explorando para ver si puedes descubrir más sobre ello. Puede ser una expresión de ideas, sentimientos o sensaciones físicas que estés teniendo, o una mezcla de los tres.

En el monólogo quieres explorar tus apegos a la fusión y a la unión, y cómo estas se manifiestan en tu vida. El apego puede ser un deseo de aferrarte a la experiencia de fusión. E incluso si hay un deseo de alejarla, eso sigue siendo apego. Tal vez puedas arrojar algo de luz sobre cómo este apego se basa en la idea de dualidad entre tú como alma individual separada y el otro como entidad separada de ti, incluso si el otro es lo divino, o Dios, o la realidad. Quieres ver tus apegos y explorarlos hasta que veas el operar del principio *ahamkara:* la creencia en la dualidad, en que hay tú y hay otro. Porque, sin esa dualidad, no habría ningún apego. Hemos visto que el apego se convierte en una de las mayores barreras al conocimiento del amor divino, porque es uno de los modos en que el ego crea un sustituto para él.

... ...

PREGUNTAS Y COMENTARIOS

Alumno: Mientras estaba explorando esta sensación de querer fundirme y la frustración de no poder hacerlo, he visto que está presente este intento continuo de fundirme con las personas y las cosas, o de tomarlas dentro de mí. Y me he dado cuenta de que eso no va a ocurrir nunca. Esto me ha hecho tomar conciencia de lo que estabas diciendo a un nivel muy profundo. En la medida que piense que hay un yo y que hay otro, continuaré creando este ciclo de deseo.

A. H. Almaas: Correcto. Muy bien. Exactamente. Un ciclo de sufrimiento.

Alumno: ¿Puede la experiencia de la esencia personal, o de la perla, interponerse en este camino?

AH: La experiencia de la perla misma no lo hace. Ser la perla, la esencia personal, es ser un individuo en el nivel esencial. Desarrollar esta esencia personal única significa que puedes ser un ser humano y vivir en el mundo mientras sigues siendo una expresión de lo divino. Esto es diferente del sentido que tiene el ego de ser un individuo, que está basado en el pasado y en todas las autoimágenes que se han desarrollado a partir de él. Y también se basa en estar separado de todo lo demás. Pero la esencia personal no está separada. Si experimentas el amor divino, experimentas tu presencia personal como una condensación, como una gota de ese amor divino que se condensa a partir de ese océano sin estar separada de él. Al principio experimentas tu esencia personal, la perla, como si estuviera separada de todo lo demás, porque el principio ego todavía está presente. Entonces, la sensación de ser una persona individual todavía existe, aunque estés experimentando la perla incomparable.

Alumno: Entonces, a otro nivel, ¿no está también presente ese sentimiento de propiedad sobre la experiencia de la perla?

AH: Si hay algún sentido de propiedad, es más como que eres tú el que tiene un dueño, tú no eres dueño de nada. En la dimensión anterior al Amor Divino, hay una sensación de ser dueño, de propiedad. Es natural que la sintamos, y podemos decir que es real en esa dimensión, incluso si, en parte, esa realidad está determinada por una limitación de la percepción. Cuando estás viviendo en esa realidad limitada, no puedes pretender que no haya propiedad. Tienes que reconocer tu sensación de ser el *dueño de*, porque en ese momento esa es la verdad. ¿Ves? Entonces, ¿qué ocurre cuando reconoces tu apego y la dinámica subyacente a él? ¿Qué ocurre? ¿Aumenta el apego? ¿Qué tipo de cosa ocurre?

Alumno: Bien, me doy cuenta de que el apego, y el ciclo de deseo y sufrimiento, también sirven a mi ego, sirven para mantenerlo intacto. En cierto sentido, hay una sensación de seguridad en la separación. Suena extraño, pero es cierto. Porque todavía no has hablado de la muerte y de la aniquilación por las que se pasa al convertirse en todas las cosas. Y creo que mi ego tiene mucho miedo de eso.

AH: Oh, sí. Creo que ahora mismo muchos egos aquí tienen miedo de eso. Puede sonar bien, todo este amor, pero todo el mundo se está preguntando, y sintiéndose paranoico: "¿Ahora Dios va a ir a por mí? ¿Qué quedará de mí?".

Alumno: Esta mañana, mientras estábamos hablando, yo seguía preguntándome: "¿Qué es esta barrera de densidad que tenemos?". Y creo que de manera muy simple es el ego y la necesidad de sentirse separado. Creo que, desde el día que nací, he estado intentando estar separado, y así todo acaba siendo "yo", "mi" y "mío". Y me doy cuenta de que de lo único que me he apropiado es de mi sufrimiento. Cualquier experiencia esencial que he tenido no conlleva esta sensación de propiedad. La experiencia ha estado allí y la recuerdo; no la he borrado.

AH: Eso es verdad, sí.

Alumno: Pero solo me adueño de mi sufrimiento.

AH: Sí. Y esa es una de las últimas cosas que se van. Una de las últimas retenciones.

Alumno: Me doy cuenta de que en el sentimiento de apego a la otra persona hay una identidad que lo acompaña, la de que soy un perdedor. Y no tengo ni idea de cómo estar en relación con alguien sin que esta dinámica esté presente. No la vivo cuando estoy solo. Cuando estoy solo, estoy bien. Pero cuando estoy en relación con alguien, parece que se presenta esa dinámica. Entonces, ¿sabe alguien cómo estar en relación con alguien sin ese apego y sin el anhelo, y todas las identidades acompañantes? Me gustaría oírlo.

AH: Estoy seguro de que hay muchas historias sobre este tema. Pero ¿sabes?, tanto si te experimentas como perdedor o como ganador, el apego es el mismo. No solo los perdedores tienen apegos. En realidad, los ganadores tienen apegos más difíciles.

Alumno: Entonces, ¿cómo es posible estar en relación sin apego?

AH: Cuanto más conozcas tu verdadera naturaleza, y que esa verdadera naturaleza está en todas partes, menos apegado estarás.

Alumno: Noto que yo soy alguien muy apegado que siempre quiere estar con gente, siempre queriendo relación, queriendo.

Pero lo que me ha ocurrido al explorar esto es que me he dado cuenta de que detrás de eso estaba el deseo de Dios. Y lo he sentido muy hermoso. He sentido esta cualidad verdaderamente dulce, y no me importaba estar deseando todas las otras cosas al nivel humano. Simplemente, era muy dulce y hermoso.

AH: Exactamente. En realidad, eso es lo que subyace al apego. Es un deseo de Dios. Si no reconoces eso, entonces hay frustración. Si eres consciente de tu deseo de Dios, entonces reconoces el amor inherente a eso. Eso aportará la dulzura.

Alumno: Me está ocurriendo algo interesante en esta exploración: me estoy percibiendo a mí mismo o a mi ego como una especie de configuración espacial.

AH: Sí.

Alumno: Y nunca antes lo había experimentado con claridad de esta manera. A medida que empecé a explorar, pude ver que está mi sentido de mí mismo, con los recuerdos y todo eso, que es como una sombra que está aquí, siempre presente, como mi experimentar. Y después está el otro lado de eso, y es que hay otro. Estoy yo y está el otro. Esto es el nivel obvio, pero después he empezado a sentir que todavía había más, y es que estoy en un lugar particular, como en una localización. Y tal vez sea como un tipo de lugar tiempo-espacio, o algo así. Y eso sigue surgiendo. Y lo siento más poderoso, más subyacente incluso que las relaciones de objeto de esa dualidad.

AH: Eso es muy cierto. A eso me refiero con estructura, la estructura del ego. En realidad, es una estructura espacial. La reconocerás directamente en algún punto. Y es como si esa estructura espacial lo mantuviera todo afuera, incluyendo el amor divino.

Alumno: He notado que puedo estar con algunos apegos, pero que empezaba a ocurrir cierta expansión, y una especie de aflojamiento. Había como una desorientación que acompañaba a este proceso. Y empezaba a surgir cierta libertad, pero, a continuación, muy rápidamente, es como que se producía este reconocimiento de la desorientación, y entonces quería reconfigurarme espacialmente.

AH: Ya veo, sí. Es bueno ir con la desorientación, dejarte estar desorientado. Porque tu orientación ocurre a través de esa estructura, a través de esa localización espacial y temporal. A medida que esa estructura empieza a disolverse, fundirse o relajarse, empiezas a experimentar desorientación. Incluso podrías marearte. De modo que simplemente siéntate y deja que ocurra. No luches. Durante un tiempo no sabrás qué está pasando, pero esa es la transición por la que tienes que pasar. Mientras sepas lo que está ocurriendo, aún tienes el control, ¿entiendes? Esa estructura tiene el control. De modo que se produce una desorientación, un mareo, no sabes lo que está pasando. Eso está bien, las cosas se funden. De modo que es verdad, así es como pasa. Cuanto más hablemos de la omnipresencia de nuestra verdadera naturaleza, de que está en todas partes, eso pone más presión sobre la cualidad espacial de nuestra estructura. La expone.

Alumno: Estaba tratando de relacionar este ejercicio solo con mi dimensión física, porque últimamente he tenido mucho dolor físico. De modo que mi trabajo guarda relación con ver mi apego al cuerpo, y con la resistencia a estar con el dolor. Y estaba tratando de relacionar eso con este ejercicio, sintiendo que había alguna similitud en el nivel físico con el material emocional que he vivido en el pasado. Resistencia y apego, pero no tengo mucha claridad al respecto. Me pregunto si hay algo que puedas decir con relación a nuestro cuerpo físico y el dolor. Y nuestra relación con ello.

AH: Es todo lo mismo. El apego opera de dos maneras distintas: atracción y repulsión. Si algo es placentero, queremos atraerlo, y estamos apegados a esa atracción. Pero si es doloroso, estamos apegados a la repulsión. Es lo mismo tanto si se trata del cuerpo como de otra cosa, el apego funciona del mismo modo. En cualquier caso, la estructura del ego aparece en el cuerpo como patrones de tensión, incluyendo la tensión superficial en la piel, que es como el principio ego se presenta a nivel físico. Ahora bien, cuanto más te experimentas a ti mismo, más te permites ser consciente y estar presente, más experimentas el dolor físico, ¿cierto? Pero quizá si fueras a una dimensión más ilimitada, no habría dolor físico. No sería exactamente que el dolor fuera menor, sino que tú serías más grande.

Alumno: Bien, a veces siento como que el dolor solo es una interpretación de una sensación, que simplemente es una sensación diferente. Pero está la respuesta condicionada al dolor: "Esto está mal; no lo quiero", y el intento de liberarse de él. Y a veces es como que me pregunto: ¿Por qué estoy haciendo esto? ¿Por qué no simplemente suelto y entro en él, me relajo en el dolor? Parece que eso es una posibilidad.

AH: Sí, lo es. Y en realidad es bueno experimentar con ello. En la dimensión ilimitada del amor, el dolor y el placer son simplemente variaciones o patrones de aparición en el océano del amor consciente.

TRES
La totalidad de la historia

A medida que continuamos explorando esta dimensión ilimitada del Amor Divino, puede resultar útil tener una perspectiva de cómo encaja todo en el cuadro mayor del *Enfoque Diamante*. Para entender mejor el lenguaje y el sistema de cualquier enseñanza, a veces puede ser de ayuda verlo todo en su conjunto escuchar toda la historia. De modo que ahora voy a hacer eso delineando todos los elementos básicos del Enfoque Diamante, que hay que entender tanto intelectualmente como a través de la experiencia.

En primer lugar, está el ego, la experiencia de la personalidad, que es nuestro yo histórico condicionado. Después está el alma, nuestra conciencia viviente, que incluye al ego como una estructura fijada dentro de ella. El ego es una estructuración histórica, principalmente mental, del alma. El alma también incluye nuestro cuerpo —la manifestación física o expresión externa del alma— y el modo en que nuestra conciencia viviente informa a nuestra dimensión física. Podemos decir que el alma anima al cuerpo o, siguiendo a Aristóteles, decir que el cuerpo es la expresión externa del alma. Después está lo que yo llamo verdadera naturaleza, o universo espiritual, que es la verdadera base del alma. De modo que podemos decir que el alma es el puente entre el ego y nuestra verdadera naturaleza, y también entre el cuerpo y la realidad que está más allá de lo físico.

En el Enfoque Diamante, la verdadera naturaleza está compuesta por tres elementos: los aspectos esenciales, los vehículos diamante y las dimensiones ilimitadas —Hay otras manifestaciones de la verdadera naturaleza en el Enfoque Diamante, pero son sutiles y no son de conocimiento común, por lo que están más allá de lo que estamos comentando aquí—. Todas son formas que pueden experimentarse de nuestra naturaleza esencial. En este camino, con frecuencia los aspectos esenciales son la entrada inicial al universo espiritual. Reflejan el hecho de que la esencia no se manifiesta con una sola cualidad, y las variantes de sus manifestaciones dan lugar a muchas cualidades esenciales distintas, como compasión, amor, voluntad y verdad. Cada aspecto tiene características definidas que pueden experimentarse —color, sabor y textura— y cada uno tiene un significado psicológico particular.

Los vehículos diamante son cuerpos de conocimiento, o estructuras de conciencia, que nos transmiten dimensiones particulares de sabiduría que se necesitan en distintas etapas de nuestro viaje interno. Son como discos duros, y cada una contiene una cantidad asombrosa de información experiencial sobre la realidad. Un ejemplo es la guía diamante, que nos ayuda a entender cómo están armonizados e integrados los aspectos esenciales en nuestro despliegue personal. Otro es la Mercaba, que nos muestra que verdad y placer son una misma cosa, aunque el placer no es el tipo de gratificación que el alma busca habitualmente.[1]

Y después también trabajamos con las dimensiones ilimitadas, que revelan al alma la verdadera naturaleza, el fundamento transcendente de la realidad. Cada una hace referencia a una manera particular de experimentar este fundamento que impregna toda manifestación. Hay cinco de estas dimensiones,

---

1. Véase mi libro *Inner Journey Home* para obtener más información sobre los vehículos diamante.

incluyendo la que estamos explorando aquí, el Amor Divino. Las otras cuatro son el Supremo —cuyo fundamento es la presencia—, lo No-conceptual —cuyo fundamento es la conciencia—, lo Absoluto —cuyo fundamento es el vacío—, y el Logos —cuyo fundamento es el cambio y el dinamismo—.

Si lo miramos desde la otra dirección, empezando por la verdadera naturaleza, vemos el universo espiritual manifestándose en cinco dimensiones ilimitadas, que a continuación se diferencian en vehículos diamante, cada uno de los cuales provee información sobre la verdadera naturaleza. A continuación, los aspectos esenciales son otra diferenciación más de la verdadera naturaleza, que revelan sus diversas cualidades y sus características particulares. Y más adelante llegamos por fin al alma y después al yo ego. De modo que, para orientarnos dentro de este cuadro mayor, tenemos que entender cómo se relaciona el ego con el alma y con los diversos aspectos, vehículos diamante y dimensiones ilimitadas. También tenemos que apreciar cómo el alma viviente, liberada de la estructuración del ego, se relaciona con los aspectos, los vehículos diamante y las dimensiones ilimitadas.

Para que se produzca una verdadera comprensión de todo esto, es importante encontrar un modo de verlo todo por ti mismo, de descubrir y entender por medio de la experiencia tu propia relación con cada elemento. Y en el Enfoque Diamante usamos, entre otras cosas, la herramienta psicológica de las relaciones de objeto para ayudarnos con esto. Las relaciones de objeto hacen referencia al reconocimiento de que a través de nuestras primeras relaciones con otros se forma la impresión básica de uno mismo —el "sujeto" percibido de la relación—, y que esto depende de la impresión que uno se haya formado de la otra persona —el "objeto" percibido de la relación—. El recuerdo internalizado de estas primeras relaciones de objeto raras veces es un verdadero reflejo de la relación real. No obstante, las impresiones fijas resultantes del yo y del otro, más la carga emocional sentida en la relación entre ellos —amor, deseo, frustración, etc.— se llevan a todas las relaciones subsiguientes, y actúan como un filtro a través del cual se experimentan esas relaciones.

Nuestras primeras relaciones objetales afectan a cómo nos vemos a nosotros mismos y a cualquier cosa que sintamos diferente de nosotros, de modo que podemos mirar y explorar todas las imágenes y reacciones que nos ha dejado nuestra historia, y ver cómo conforman nuestra relación con nuestra conciencia viviente o alma. Estudiar el contenido histórico que conforma nuestra experiencia también revelará la relación de dicho contenido con los diversos aspectos, vehículos diamante y dimensiones ilimitadas. Estas relaciones no son solo *psicológicas* en el sentido en que normalmente entendemos este término; es decir, algo que solo pertenece a la mente. El medio de nuestra alma tiene sustancialidad, y el impacto de nuestras relaciones de objeto deja su marca en esta sustancia impresionable de la conciencia. De hecho, el ego no es sino el alma estructurada por las imágenes de esas relaciones de objeto, y todas las demás impresiones de nuestro pasado. Por tanto, la realidad interna del alma —nuestra experiencia subjetiva interna, con sus sentimientos, pensamientos, sensaciones e imágenes— está estructurada por estas impresiones y patrones históricos. Incluso nuestra percepción ordinaria del universo físico está influida por estos patrones internos de nuestra subjetividad.

El principal método que usamos para conseguir una comprensión experiencial de todas las cosas es la indagación. Esta es la práctica de observar y explorar nuestra propia experiencia sentida en el momento, permitiéndole que sea como es y estando abiertos y curiosos para ver qué es verdad en ella. También miramos cómo esa verdad está velada, distorsionada y conformada por relaciones de objeto, proyecciones e identificaciones del pasado. La mayor parte del tiempo, la indagación está orientada hacia nuestro propio proceso personal de un modo que revelará todos los aspectos, vehículos y dimensiones de nuestra propia alma. Sin embargo, aquí estamos continuando con nuestra indagación de un modo que no está enfocado en entender nuestra experiencia individual. Es la indagación en nuestra verdadera naturaleza como fundamento, como la naturaleza de la realidad misma, y cómo eso se relaciona con nuestra alma, con nuestro ego y con la vida de cada día.

Al continuar con esta indagación de las dimensiones más profundas de nuestra verdadera naturaleza, el proceso no siempre estará sincronizado con tu propia indagación o despliegue personal. Por ejemplo, una reacción a lo que yo esté introduciendo en un momento dado podría ser: "Bien, ¿pero en qué sentido esto es relevante para mí? En mi proceso estoy lidiando con esto y con aquello, y no veo cómo esto pudiera ayudarme ahora". Esto puede ser cierto a un nivel. Pero incluso si no está directamente relacionado con lo que te está pasando ahora mismo y guarda relación con una dimensión de experiencia que parece alejada de tu entendimiento, al indagar en ello puedes contrastar y reconocer algo más sobre dónde estás en este momento.

La conciencia funciona de tal forma que cuando una conciencia más profunda se encuentra con otra más superficial, siempre van hacia un equilibrio. Esto significa que, si dos personas se juntan y si una de ellas tiene una luz más brillante e intensa que la otra, después de algún tiempo sus niveles de luz convergen. De modo que yo podría introducir algo que te haga sentir: "Bueno, esto no es relevante para mí, está mucho más allá de mi nivel de comprensión y conciencia". Pero si trabajas con ello, si tratas de entenderlo, te afectará de tal modo que acercará tu luz a esa luz más brillante. Es posible que las cosas que estoy introduciendo aquí no sean del todo comprensibles, relevantes o cercanas para todos. Pero todos pueden beneficiarse de ellas; solo que cada persona se beneficiará de manera diferente, en distinto grado.

Esta indagación en las dimensiones más profundas es el enfoque de la enseñanza con la que estamos trabajando ahora, y tal vez sea un ámbito distinto del contenido habitual de tu indagación personal. Ahora tu indagación personal va a incluir cómo te impacta esta exploración del amor divino, tanto si te resulta relevante en el momento como si no. Después de todo, tu indagación tiene que estar abierta a todas las cosas de tu vida, especialmente a lo que está ocurriendo ahora. Quiero decir que, si decides que solo vas a investigar las cosas relacionadas con lo que está ocurriendo dentro de ti, ¿qué pasa con el resto de tu vida? ¿Qué ocurre si te enamoras, o si alguien se enamora de ti? Dices: "No, lo siento, esa no es una indagación adecuada. No voy a examinar eso". La vida siempre te está produciendo impactos, uno tras otro. Y esta enseñanza es lo que te está impactando ahora. La enseñanza te está proveyendo sus propios impactos en los que indagar.

Al principio, la indagación puede parecer obvia y bastante simple; simplemente hablas de tu experiencia y tratas de entender lo que está ocurriendo. Sin embargo, la indagación es mucho más que eso. En realidad, es una práctica espiritual refinada. Y aunque sientas que le coges el tranquillo después de haberla hecho por un tiempo, comprobarás que, de hecho, no es un "hacer" sino una práctica de no hacer. La indagación no puede ser entendida plenamente hasta que entiendas todas las dimensiones de tu naturaleza espiritual. Cada vez que comprendes otro aspecto u otra dimensión, entiendes la indagación más profundamente, y la práctica se vuelve más precisa, más poderosa. Llegas a ver que la práctica de la indagación es una expresión de toda la enseñanza, no solo de una parte particular de ella.

No obstante, cuando la gente acaba de empezar el trabajo, lo único que conocen es su cuerpo, su personalidad y su situación de vida. Por lo tanto, durante unos pocos años se ven obligados a indagar principalmente en, y a trabajar con, diversos problemas vitales y estados emocionales, lo cual suele conllevar mucho dolor y sufrimiento a medida que se descubren y trabajan todas las relaciones de objeto, las identificaciones y el sufrimiento del pasado. Esto es lo primero que surge cuando indagas en tu experiencia interna. Y después, a medida que profundizas, descubres que en realidad eres un organismo de conciencia —un alma— que piensa, siente, actúa y está presente. Y te das cuenta de que tu ego o personalidad —con todos sus pensamientos y reacciones habituales— solo es una manifestación condicionada y limitada de esa alma.

A medida que sientes las limitaciones de la estructura que es tu ego o tu personalidad, reconoces los "agujeros" que hay en ella, las partes de tu alma en las que has perdido el contacto con tu verdadera naturaleza. Al tomar conciencia de cómo evitamos o cubrimos estos agujeros en nuestra conciencia, empezamos a reconocer lo que se ha perdido, y los aspectos de la verdadera naturaleza que son inherentes a nuestra alma vuelven a estar accesibles. Descubres que tu conciencia viviente tiene sabores espirituales particulares, que son los aspectos esenciales: compasión, fuerza, voluntad, paz, alegría, claridad y muchos otros. Para mucha gente, a continuación hay una larga fase de dualidad en su experiencia, una fluctuación entre la actividad familiar de la personalidad y el creciente emerger de las cualidades espirituales. Con el tiempo, queda claro que ambos son cualitativamente distintos: los aspectos están caracterizados por una inmediatez de presencia y conocimiento que está ausente en la vida de nuestro ego.

A medida que nos proponemos seriamente entender la totalidad de nosotros mismos —en términos de nuestra personalidad y esencia— reconocemos que tenemos que llegar a entender nuestra naturaleza esencial tal como vive en la profundidad de nuestra experiencia personal. Y no podemos conocer completamente nuestra profundidad si no entendemos la relación de los aspectos con las dimensiones ilimitadas. Esta es la razón por la que en realidad no podemos entender nuestra verdadera naturaleza cuando solo experimentamos amor dentro de nuestro corazón, o fuerza en nuestro vientre, o inteligencia en nuestra cabeza. Esa no es la totalidad de la historia. Sí, podemos estar experimentando nuestra verdadera naturaleza, pero todavía seguimos experimentándola desde la perspectiva de la personalidad; todavía desde la perspectiva del ego, de la individualidad separada.

Aunque este reino dualista resulta útil en muchos sentidos, y siempre empezamos desde él, no es suficiente para que nuestra comprensión de la realidad sea completa. Aunque la experiencia espiritual y la iluminación pueden ocurrir en este reino de experiencia, este es limitado en sí mismo, y el alma necesita transitar a otros reinos, como las dimensiones ilimitadas y no duales de la realidad. Hay límites a cuánto de nuestra verdadera naturaleza podemos ver en el mundo dualista porque está siendo filtrado por estructuras psíquicas que no son reales, y el ego no puede ver esto porque está unificado con dichas estructuras. Cuando confrontamos y penetramos más allá de estas estructuras básicas, los aspectos esenciales revelan que no están limitados por nuestro cuerpo. No están limitados por nuestra forma física ni por nuestra localización física, y esto revela que nuestra verdadera naturaleza es ilimitada: omnipresente e infinita, extendiéndose por todas partes.

Como hemos indicado, la dimensión ilimitada en la que nos estamos enfocando ahora, el Amor Divino, suele ser la primera que surge y es la más fácil y la más accesible. A medida que exploramos esta dimensión, podemos ver que revela de la manera más directa la relación entre los aspectos y la realidad como un todo, o el Ser último. Es la relación entre las cualidades del alma individual y la divinidad.

Podemos empezar a apreciar que los aspectos, esas cualidades espirituales que tienen los seres humanos, como compasión y amor, verdadera voluntad y fuerza, son las que nos hacen humanos, y eso es así precisamente porque son cualidades divinas. Son diferenciaciones de la naturaleza del universo, o de la naturaleza de Dios. Lo que nos hace humanos es que nuestra profundidad es divina, algo que normalmente se considera que está más allá de lo humano. Siempre me sorprende cuando alguien me dice que está experimentando algo muy profundo, como una espaciosidad profunda, amor ilimitado o aseidad, y después dice que este estado le hace sentir que ya no es humano. Siempre me pregunto qué significa *humano* para esa persona. La gente a menudo piensa que lo que les hace humanos son sus enfados, celos o debilidades, pero lo que realmente nos hace humanos son nuestras cualidades esenciales, aunque no formen parte de la experiencia convencional de la mayoría de la gente.

Con el tiempo, a medida que reconectamos gradualmente con todos los aspectos esenciales, pueden desarrollarse y llegar a tener una cualidad como de diamante: un sentido de claridad y precisión que revela un conocimiento y una comprensión diferenciados de cada aspecto. Esta comprensión más precisa de nuestra naturaleza esencial empieza a exponer más de la estructura subyacente de nuestra personalidad y sus limitaciones. Por ejemplo, la limitación del *ahamkara*, o del principio ego, que comento en el capítulo 2. Y a medida que empezamos a ver esto, la estructura se vuelve más transparente y nuestro ser interno gradualmente se vuelve más presente.

Generalmente, esto implica lidiar con estructuras y creencias fundamentales sobre quiénes somos, siendo la principal nuestro sentido de identidad y nuestro sentido de individualidad. Identidad es autorreconocimiento. Es la respuesta a la pregunta: "¿Quién soy yo?" o "¿Cómo me conozco a mí mismo?" Generalmente respondemos: "Aquí estoy. Soy esto y aquello, soy tal y tal". Por otra parte, la individualidad es este sentido de ser una entidad que se extiende en el espacio y en el tiempo, con límites diferenciados. El sentido de individualidad viene de que esta entidad tiene una voluntad individual, que le permite tomar sus propias decisiones. Y es este sentido de identidad el que te permite reconocer que esa entidad eres tú y no alguien más; la individualidad da un sabor característico. Estas son las dos estructuras básicas que sustentan nuestra experiencia familiar de ser un individuo separado.

A medida que contemplamos nuestra identidad y reconocemos que simplemente es la suma de todos los procesos de pensamiento que se han desarrollado desde la infancia, empezamos a experimentar nuestro ser de otra manera. Ya no somos un individuo experimentando la esencia; somos esencia que ha desarrollado algo que llamamos una personalidad. Vemos que lo que somos *es* naturaleza esencial, *es* presencia, pero que, en nuestro desarrollo temprano, nuestra alma necesita desarrollar una identidad basada en el mundo externo. Y a medida que entendemos nuestro sentido de individualidad —este sentimiento de ser una entidad que nos dice que somos una unidad en espacio y tiempo—, reconocemos que solo es una parte del desarrollo de nuestro ego. No es algo con lo que nacimos, y no es inherente a nuestra alma.

Entonces empezamos a experimentar que nuestra verdadera identidad, que es presencia esencial, no es solo algo aquí, dentro de nosotros. No es que tú tengas tu presencia allí, y yo tenga mi presencia aquí, y que estemos separados. La presencia no está dispersada en pequeños pedazos entre la humanidad; es una sola cosa, y así es como todos estamos conectados. Toda la humanidad tiene la misma esencia, y reconocemos que esta esencia también es la naturaleza subyacente de la totalidad de la existencia, de todo lo que se manifiesta, de todo el mundo de la apariencia. Todo en el universo tiene esta misma naturaleza. Y cuando se reconoce esto, yo paso de hablar de la esencia a hablar del ser. Esencia es cuando hablo sobre la naturaleza del alma; ser es cuando hablo de la naturaleza de todas las cosas. En verdad son lo mismo.

Dije al comienzo de esta enseñanza que involucraría un cambio de enfoque de la experiencia del alma individual a la experiencia de la totalidad de la existencia. Y cuando entendemos la conexión del alma con la perspectiva mayor, eso significa que entendemos lo que significan las dimensiones ilimitadas, y ahí es cuando empezamos a entender lo que realmente significa la espiritualidad. No podemos entender la espiritualidad si no entendemos la divinidad, si no entendemos al ser cósmico o la naturaleza de todas las cosas. Si solo te comprendes *a ti mismo* como naturaleza esencial, justo estás empezando a conocer la espiritualidad. Experimentar verdaderamente lo espiritual o lo místico es experimentar la naturaleza de todas las cosas, que es lo mismo que el ser de Dios. Este es el trabajo que estamos haciendo ahora.

No estamos trabajando solo para que sientas la esencia dentro de ti y resuelvas tus problemas, y eso es todo. Eso es lo que ocurre al principio —y esto lo exploramos en el primer volumen de esta serie del *Viaje Espiritual del Amor*— pero ahora nos concierne el gran cuadro, la totalidad de la historia. Algunas enseñanzas tratan de darte el gran cuadro desde el principio, pero es difícil de absorber, excepto a nivel intelectual. En este trabajo queremos aprender poco a poco, a través de la experiencia, de modo que vayas aprendiendo gradualmente la enseñanza y al mismo tiempo aprendas lo que eres y lo que es la realidad.

A medida que dejas de sentir que tu experiencia de los aspectos y de tu naturaleza esencial solo es algo que está dentro de ti, empiezas a ver que no te detienes en tu piel. Tu alma no se detiene en la piel, y tu esencia tampoco. La única razón por la que tu esencia se detiene en tu piel es porque tú piensas que lo hace porque eso es lo que crees. Cuanto más dejas atrás esa creencia, que forma parte del principio ego, más se expande tu esencia, y se hace más grande y expandida hasta que sientes: "Oh, ¡ahora es muy grande!". Cuando te sientes tan expandido, puedes sentir que llenas la habitación, pero, aunque te estés expandiendo, es probable que aún creas que te detienes en tu piel: pero es que tu piel se ha hecho tan grande como la habitación. Solo cuando vas más allá de la piel como límite, te das cuenta de que en realidad no tienes tamaño ni forma. Estás en todas partes. Por eso decimos "omnipresencia": reconoces que ahora tu presencia es omnipresente porque realmente está en todas partes.

¿Qué significa cuando digo que tu presencia está en todas partes? Bien, no significa que de repente sepas lo que está ocurriendo en Roma o en Nueva Delhi. Eso es lo que mucha gente entiende por omnipresencia, y por lo tanto esta palabra no tiene sentido para ellos. "Oh, no puede ser verdad que yo esté en todas partes", dicen, "porque si estuviera, entonces sabría lo que está pasando en todos los lugares". No, no me refiero a esto al hablar de omnipresencia. Lo que significa es que tienes la *sensación* de estar en todas partes; así es como se siente. Cuando echas una mirada afuera, ves que tu cualidad de ser sigue adelante indefinidamente, pero eso no significa que puedas ver todos los detalles físicos infinitamente.

Lo mismo ocurre con el espacio. Cuando miras alrededor, ves y sabes que el espacio contiene todas las cosas y que el espacio se extiende eternamente, ¿correcto? Bien, tu verdadera naturaleza sigue adelante para siempre, como el espacio. Y tal como el espacio es indivisible y no tiene principio ni fin, lo mismo ocurre con tu verdadera naturaleza y unidad infinita. Y, a propósito, es posible que alguien con una profunda realización de la unidad sea capaz de ver lo que está ocurriendo en Roma o en Nueva Delhi. No es imposible, pero no es básico para lo que estamos explorando aquí. Y, en cualquier caso, ese no es el punto importante; el punto es liberarte de las limitaciones de nuestra identidad y de nuestro sentido de limitación.

A medida que perdemos nuestros límites, reconocemos que solo existe esta atmósfera ilimitada e infinita, y que todas las cualidades esenciales son básicamente diferenciaciones y condensaciones de esa atmósfera. Vemos que la atmósfera se condensa en gotas densas, y estas gotas son nuestras almas, y todo el universo físico está formado por la densificación y condensación de esa atmósfera, todo está nadando dentro de su océano.

Por supuesto, esta perspectiva de que todo el universo está impregnado por esta realidad, de la que todo está formado y en la que todo está nadando, no concuerda con la perspectiva científica de las cosas. De modo que, si estás pensando de modo científico, tendrás problemas con esta perspectiva. Esta es la razón por la que nuestra moderna ciencia occidental es intrínsecamente reduccionista. Y más que eso, considera que la dualidad es la verdadera condición de la realidad. Si estás pensando así, ¿por qué no pones tu mente científica en la estantería por ahora? No para siempre, porque será bueno recuperarla cuando hayas experimentado la realidad sin límites. Entonces podrás ver cómo se interrelacionan las dos perspectivas, y lo hacen; no hay confrontación entre ellas.

La perspectiva espiritual puede contener fácilmente la perspectiva científica, sin problemas, sin contradicción. Sin embargo, la perspectiva científica no puede contener la espiritual, al menos tal como la entendemos ahora. Por eso, si eres una persona espiritual, puedes discutir con alguien que mantenga una perspectiva científica. Hay que dejar la perspectiva científica durante un tiempo para captar la perspectiva espiritual, porque la perspectiva científica no puede contener el espíritu; de hecho, excluye al espíritu.

Lo que captamos de esta atmósfera u océano es su presencia directa, su estar ahí. Es una presencia palpable y sustancial que puedes sentir físicamente. Hay un estar aquí, una "yo-soy-idad" en ello, pero no es solo la "yo-soy-idad" de tu propia presencia individual; esto es todo el universo diciendo "yo soy". Es ser, es esencia, es presencia; y al mismo tiempo esta presencia es conciencia. Es un océano de conciencia sin orillas, y tú puedes sentir que cada átomo de él es la conciencia misma. No me refiero a conciencia en el sentido de ser consciente de otras cosas, del modo en que nuestra mente puede ser consciente de sillas, árboles y otras cosas. Es consciente en el sentido de que es consciente de su *propia* existencia. Es una presencia consciente. Así, cuando te sientes en esta dimensión ilimitada, sientes tu existencia por todas partes. Una vez más, eso no significa que tú veas con los ojos las formas que esa existencia toma en todas partes; simplemente sientes la existencia ilimitada misma como presencia consciente. Tú eres consciente del ser de todas las cosas, un medio indivisible de ser, consciente de sí mismo. Y te sientes infinito.

En el capítulo 1, describí que esta presencia consciente también es luz un resplandor brillante que es como la sustancia misma de la luz, y está hecho de un océano de fotones, pero no físicos: son fotones de un tipo más espiritual. Sabemos que la luz es fundamental para la existencia, y lo que estamos viendo ahora es que la luz del universo físico solo es una manifestación de esta luz interna. La naturaleza de esta conciencia sin límites es luz e irradiación, al tiempo que es ligera y no pesa. Es iluminada y sin pesadez, y sin embargo se experimenta como una plenitud y un "estar aquí". Su presencia es inconfundible. También reconocemos que, aunque esta presencia no tiene peso, tiene un sabor, un gusto, y una textura. Su textura es una suavidad, una suavidad increíblemente delicada, como la piel de un bebé. Es como el polvo más delicado, casi como nubes algodonosas, pero nubes que son cálidas y no mojan. Es posible sentir y saborear la dulzura de esta delicada y suave textura. Es de una dulzura exquisita.

Esta es la razón por la que la llamo amor, por ser tan dulce y suave. Así es como la gente piensa en el amor, como algo dulce y suave. Y, como he dicho antes, en parte la llamo divina debido a su pureza, a la sensación de ser fresca y de estar recién creada, pero también porque está en todas partes y todo está hecho de ella. Es como que todo el mundo, el universo entero, está esculpido de algodón de azúcar. Cuando experimentas el mundo en la dimensión del Amor Divino, todo resplandece desde dentro; las paredes brillan, el aire brilla, todo brilla con una luz interna. Y se siente como que su delicada suavidad y dulzura te funde, te hace rendirte, y te hace soltar.

Pero ¿qué significa cuando describimos este como un proceso de dejar ir, de rendirse? Significa que, a medida que sientes esta presencia sin límites, se empieza a exponer la verdad de que tú eres de su naturaleza. A medida que pierdes la sensación de separación, llamamos a eso rendición. Lo llamamos también fusión, pero lo que se están fundiendo son tus ideas, tus creencias con respecto a lo que piensas que eres. De modo que piensas que eres un cuerpo físico, y entonces te das cuenta de que eres suave y maleable. Eres ligero: estás hecho de luz y amor. Así, podrías decir: "Oh, la luz me fundió", pero, como hemos visto, esto es solo una figura retórica, una noción que en realidad no describe lo que está ocurriendo. Y todo lo que está ocurriendo es que estás descubriendo quién eres y qué eres.

A medida que habitas este estado, la presencia que sientes produce una doble sensación de gracia. La gracia está presente en el sentido de que percibes que todo es grácil, precioso y armonioso, y tú puedes *sentir* esta gracia, esta sensación y textura. Y también está presente la gracia en el sentido de que este estado se siente como una bendición. Es una bendición conocer esta pureza y divinidad, y ver que el universo entero está bendecido. Pero no solo el universo entero está bendecido; asimismo, el universo entero no es sino bendiciones hechas a partir de esta gracia. De modo que, ya ves, es grácil y agraciado al mismo tiempo.

SESIÓN DE PRÁCTICA
EL VIAJE HACIA EL AMOR ILIMITADO

En este capítulo hemos explorado el contexto mayor del Enfoque Diamante y cómo este camino espiritual conduce a una exploración de las dimensiones ilimitadas, y en particular a la dimensión del Amor Divino. Ahora sería un buen momento para que indagues en cómo te ha impactado este proceso. Has sido invitado a profundizar en tu experiencia de ti mismo, en lo que sientes verdadero y real, y hemos visto que explorar tu propia experiencia puede cuestionar tus ideas de que eres una entidad separada. En último término, esto puede llevar a experimentar un fundamento de presencia omnipresente que, además, en este caso, rebosa esplendor, ligereza, suavidad y dulzura.

Como en el capítulo anterior, vas a hacer un monólogo, trabajando con otra u otras dos personas si es posible. Cada persona tomará un turno de quince minutos para indagar en lo que se le ha movido al leer sobre este viaje hacia el amor sin límites. Si estás solo, puedes tomar quince minutos para anotar tu indagación. Considera las preguntas siguientes:

¿Qué resuena en ti de lo que has leído?

¿Notas que te sientes inspirado, o abierto, o despierto a posibilidades más expandidas en tu propia experiencia? ¿O sientes reacciones o resistencias a estas ideas, y te enfocas en que no son relevantes para ti?

¿Te sientes atraído hacia, o disgustado por, las cosas que hemos dicho en este capítulo?

¿Qué notas que está pasando en tu cuerpo al hacer la indagación?

Deja que tu indagación te lleve donde quiera llevarte al descubrir dónde te encuentras en este proceso.

... ...

CUATRO
El cuerpo de luz

Cada dimensión ilimitada tiene lo que yo llamo un problema diamante, una barrera u obstáculo particular a la realización de esa dimensión. De hecho, cada dimensión tiene muchos problemas, pero generalmente hay uno en particular que abre la puerta a esa dimensión. Podemos identificar estos problemas diamante reconociendo las principales estructuras de nuestra alma que bloquean la experiencia de esa dimensión. Con el Amor Divino, ya hemos visto que la estructura que nos separa de él es la del yo separado con sus dos facetas: identidad y "considerarse una entidad". Este es el problema diamante. Para entender cómo está conectado el problema con esta dimensión ilimitada, echamos mano de nuestra comprensión psicológica. Preguntamos: ¿Cómo se desarrolló la estructura de nuestra individualidad separada, la estructura de ser una unidad en el espacio y en el tiempo?

Hay muchas teorías psicológicas que abordan esta cuestión. Una de las mejores que conozco es la de Margaret Mahler. Dice que el sentido de identidad —y su sentido asociado de ser una entidad separada— emerge en la infancia mediante el desarrollo de ciertas imágenes e impresiones de lo que eres. Inicialmente, estas impresiones están basadas en lo que ella llama la *imagen corporal,* que forma el primer *ladrillo* de la identidad.

Lo que el niño experimenta dentro de su cuerpo —su atmósfera interna— es lo que le da con el tiempo la sensación de autorreconocimiento o identidad. En cambio, las impresiones físicas que resultan del contacto con lo externo revelan la forma, los contornos y el tamaño de su cuerpo, lo que da como resultado la sensación de que el niño es una entidad separada. De modo que la sensación de autorreconocimiento como una entidad con identidad —que es lo que significa ser un individuo— tiene su base original en el cuerpo. En otras palabras, quien consideramos que somos, el *ahamkara* o principio ego, se basa principalmente en la identificación con el cuerpo, tanto interno como externo. Si consideras que el cuerpo eres tú, entonces crees que eres una unidad en el espacio y en el tiempo.

Así, el problema diamante fundamental aquí es la identidad con el cuerpo. Todo el mundo la tiene; todos los egos la tienen. La personalidad se identifica con el cuerpo más que con cualquier otra cosa; cree que el cuerpo es el aspecto más fundamental de lo que ella es. Todo el mundo cree que es básicamente un cuerpo que tiene sentimientos y pensamientos. Por eso dices: "Tengo una madre y un padre, y nací en tal fecha". Cuando dices: "Estoy celebrando mi cumpleaños", ¿qué estás celebrando? Es el cumpleaños de tu cuerpo, ¿qué otra cosa podría ser? Tu alma no nació en ese momento. Tu naturaleza no nació en ese momento. Por eso no me importan los cumpleaños, y todo el mundo piensa que soy raro. Seguir celebrando cada año el cumpleaños de mi cuerpo solo refuerza la creencia de que eso es lo que soy. Cada año todo el mundo te da regalos y celebra quien eres, pero lo que eso realmente significa es que consideran que eres tu cuerpo.

Y cuando dices: "Estos son mi madre y mi padre", ¿qué significa eso? ¿De quién son ellos la madre y el padre? Solo de tu cuerpo. Cuando conoces tu verdadera naturaleza, reconoces que tu verdadero padre es el ser divino. Tú eres un hijo de la divinidad; siempre lo has sido y siempre lo serás. Es cierto que tu cuerpo tiene una madre y un padre físicos, y en cierta medida tu alma ha sido influenciada por esos padres. Pero probablemente tu alma empezó mucho tiempo antes que ellos y seguirá después de ellos.

De modo que podemos ver la profundidad y omnipresencia de nuestra identificación ubicua con el cuerpo. Y está reforzada científicamente porque, de momento, la visión de la ciencia occidental es que el cuerpo es de gran importancia, y de hecho es la fuente de la conciencia. Esto es exactamente lo opuesto de lo que dice Aristóteles, y de todas las enseñanzas espirituales. Es una identificación reforzada culturalmente, pero también es una identificación natural para que nos desarrollemos desde ese punto de partida. En cuanto nacemos, tenemos que aprender a funcionar en el mundo que nuestros padres y la sociedad consideran físico, y lo hacemos a través del vehículo de nuestro cuerpo. Y, por supuesto, pronto llegamos a creer que somos ese vehículo. Ahora bien, no estoy diciendo que nuestro cuerpo y nuestra alma sean dos cosas completamente discontinuas. Lo que digo es que el cuerpo solo es un fenómeno superficial del alma, y que tendemos a ver la superficie de algo y considerar que es la totalidad de la cosa. En la antigüedad, la gente no sabía que tenía corazón, pulmones e intestinos. Pensaban que solo eran piel y que probablemente todo el cuerpo era sólido; imaginaban que su cuerpo solo era un grueso tubo de piel. A menos que alguien viera el interior de un difunto, no sabían otra cosa. De modo que, aunque ahora sabemos más cosas sobre la realidad interna de nuestros cuerpos, cuando consideras que tu cuerpo eres tú, te estás perdiendo tu realidad interna más profunda; estás considerando que la superficie de tu ser eres tú. Y no te das cuenta de que te puedes desprender de esta superficie, tal como la serpiente se deshace de la piel. En realidad, esto es lo que ocurre en el momento de la muerte.

Entonces tenemos la profunda creencia, muy cristalizada, de que yo soy mi cuerpo. Si le ocurre algo a mi cuerpo, me ocurre a mí. De modo que, incluso cuando experimentamos nuestra esencia espiritual, esta identidad con el cuerpo hace muy difícil que reconozcamos que esta esencia es realmente quien soy, lo que soy. Esto hace que resulte difícil ver que lo que realmente soy no está confinado dentro de los límites de este cuerpo. Si creemos que nuestro cuerpo define quiénes somos, y que nuestro cuerpo acaba en la piel, entonces creeremos que todo lo que somos acaba en la piel, que nuestra conciencia o alma acaba en la piel.

Reconocer esta identidad con el cuerpo y ver más allá de ella no es sencillo. El simple hecho de decir: "Oh, sí, puedo ver que realmente creo que soy mi cuerpo" no significa que hayas visto la identificación. Tienes que mirar muy profundo, porque hay muchos niveles de identificación y los importantes son tan profundos que son completamente inconscientes e implícitos. Ahí es donde crees tanto que el cuerpo eres tú que lucharás instintivamente por él. ¿No crees, en el fondo, que tu existencia depende de la vida de tu cuerpo? Por eso la gente tiene tanto miedo a la muerte: sabemos que cuando morimos el cuerpo deja de existir definitivamente, de modo que, si yo creo que soy mi cuerpo, bueno, eso será mi final. Muchas de nuestras dificultades en la vida son el resultado de esta poderosa identificación con el cuerpo. Voy a volver a enfatizarlo: no estoy diciendo que el cuerpo no sea parte de nosotros, ni que sea algo malo. Solo estoy declarando el hecho de que nuestro núcleo —nuestra verdadera naturaleza esencial— no es el cuerpo. El cuerpo es simplemente una forma, una forma externa que toma nuestra verdadera naturaleza. Y en realidad nuestra verdadera naturaleza necesita el cuerpo para vivir sobre la Tierra como un ser humano.

Cuando ves verdaderamente esta identidad y hasta qué punto crees que eres el cuerpo, entiendes que esto limita tu experiencia de lo que eres, y entonces puedes reconocer no solo que tú eres tu naturaleza esencial, sino también que esta naturaleza esencial no tiene una forma física. No tiene que estar limitada por la forma del cuerpo. Y ahí es cuando realmente empiezas a experimentar la falta de límites. Ver más allá de tu identidad con el cuerpo es clave para poder ver más allá de los problemas de la identidad y la individualidad, y reconocer la ausencia de límites.

Es un proceso que pasa por diversas transiciones o etapas, y su progreso depende de lo identificados que estemos con el cuerpo en todos los niveles de esa identidad. Cuando experimentamos inicialmente el amor divino como amor o luz, podemos experimentarlo como algo que está dentro de nuestro cuerpo. Podemos estar experimentando la ausencia de límites, pero somos *alguien* que está experimentándola, de modo que aún estamos identificados con el cuerpo. Así es como la mayoría de la gente experimenta la ausencia de límites; pueden decir: "Oh, sí, hay luz; veo luz por todas partes". Eso es bueno, eso es el comienzo, pero solo es el primer paso, y no es a lo que me refiero cuando hablo de experimentar la ausencia de límites.

A medida que vas progresivamente más allá de tu identidad con el cuerpo, te conviertes en la luz misma. Reconoces: "Yo soy esta luz". Y esta es la primera etapa de ser un testigo transcendente. Aunque eres consciente de tu cuerpo, reconoces que eres la luz y no el cuerpo. Te contaré mi propia experiencia de esto con unas pocas líneas de mi diario:

> Por la noche, caminando. Siendo la luz divina, me experimento como una conciencia muy ligera, pero siendo un testigo. En realidad, no estoy identificado con el cuerpo. Soy consciente del cuerpo caminando. Ser la luz divina realmente es transcender todas las cosas.

Así, en esta experiencia, soy esta luz; sé que soy la luz y puedo ver mi cuerpo caminando. Es como si estuviera flotando por encima del cuerpo, viéndolo. Pero en realidad yo no estaba flotando; es más como que, de algún modo, estaba en todas partes, y estaba viendo el cuerpo caminar por la carretera. Y esto es el comienzo de ser la luz, de ser amor divino.

El paso siguiente es reconocer que tú eres este amor y luz divinos, y que lo impregnan todo, incluyendo el cuerpo. De modo que el amor divino contiene el cuerpo; lo sostiene. Es como que el cuerpo se sienta en esta luz que yo soy, y esto es diferente de la experiencia anterior en la que la luz parecía estar dentro del cuerpo; ahora el cuerpo está en la luz. Y entonces reconoces que esta luz o amor divino que eres, que incluye a tu cuerpo, es parte del amor divino que es la naturaleza de todas las cosas. Todas las cosas son amor divino, y tú eres parte de él. Esto significa que eres parte de Dios, una célula de un cuerpo cósmico. Esto es una experiencia no dual, pero no se enfatiza en muchas enseñanzas no duales. No obstante, resulta útil para vivir una vida personal desde la perspectiva no dual.

Después de eso viene la experiencia de ser la divinidad misma. Es la conciencia de que yo soy este amor, esta conciencia, esta presencia, y yo soy todas las cosas, no solo parte de todas las cosas. En este punto hay una identidad completa con la totalidad y la unidad de todas las cosas. El cuerpo solo es una de las cosas que me constituyen, y yo soy mucho más que eso. Soy todas las personas y cosas; soy las paredes y las puertas, las montañas, los cielos y las estrellas. También soy la naturaleza misma de todas estas cosas: así es como soy ellas. Me conozco a mí mismo como la verdadera naturaleza de todas las cosas.

El paso siguiente, que es el más difícil, es reconocer lo que es el cuerpo. Básicamente, ves que tú eres la divinidad, y también eres una condensación particular surgida de ella. Y esa condensación se convierte en un cuerpo de luz. Reconoces que el cuerpo mismo es luz; es este amor divino, pero con una forma particular. De modo que podemos ver que al principio, cuando estamos identificados con el cuerpo, ni siquiera estamos identificados con el verdadero cuerpo. Estamos identificados con una imagen que hemos desarrollado de lo que es el cuerpo. Ni siquiera sabemos qué es el verdadero cuerpo. Cuando somos libres de ese constructo mental, de esa historia que hemos desarrollado con respecto al cuerpo, podemos empezar a experimentar lo que es el verdadero cuerpo: un cuerpo de luz. Porque cuando sabes que todo es luz, reconoces que incluso tu cuerpo es luz.

A la gente le resulta muy difícil desarrollar una experiencia de esto porque nuestra experiencia familiar del cuerpo es muy física. Me refiero a que el cuerpo duele, ¿cierto? Y desde el punto de vista científico, podemos decir que el dolor es real. Bien, es cierto, a veces el cuerpo duele. Pero ¿quién dice que un cuerpo de luz puede doler? El cuerpo de luz es pura conciencia, y cuando duele se debe a una intensificación de la sensación en ese campo de conciencia. La otra manera de experimentar esa intensificación de la sensación es a través del placer.

Cuando reconocemos que el cuerpo es un cuerpo de luz, eso no es necesariamente lo mismo a lo que algunos se refieren cuando hablan de un cuerpo de luz *dentro* del cuerpo físico. Eso es un desarrollo específico del alma, y es algo que ocurre, pero es una experiencia más limitada en la que todavía estás sujeto a la dualidad entre lo físico y lo divino.

De modo que el primer nivel de experimentación de la luz es que tú *experimentas* la luz, pero la experiencia real es cuando sabes que *eres* la luz, tú *eres* el amor. No obstante, la experiencia más plena es reconocer que todo es esa luz y ese amor, no solo el tú individual.

SESIÓN DE PRÁCTICA
IDENTIFICACIÓN CON EL CUERPO

Es el momento de explorar lo que hemos comentado. Ahora sabemos que la identificación con el cuerpo es el problema diamante que hay que trabajar para conocer la ausencia de límites, y es un problema para todos, de modo que lo exploraremos en forma de dos preguntas repetitivas. Como en la práctica de "Adueñarse de la experiencia" del capítulo 1, cada persona responderá a cada una de las preguntas siguientes durante quince minutos. Si estás solo, puedes anotar tus respuestas durante quince minutos.

¿Por qué es importante identificarte con tu cuerpo?

Hay muchas razones por las que crees que tu cuerpo es fundamental para tu identidad, para quien tú eres. Esta es una oportunidad de explorar lo que surge espontáneamente cuando consideras esta identificación fundamental.

Dime una manera en la que te identificas con tu cuerpo.

En tiempo presente, mira las maneras en que te identificas con tu cuerpo a distintos niveles: al visualizarlo, al pensar en él, al sentirlo o cualquier otra de las numerosas maneras de relacionarte con él.

··· ··· ···

PREGUNTAS Y COMENTARIOS

Alumno: Tengo muchas preguntas, pero creo que todas se resumen en una: ¿Qué constituye la existencia?

A. H. Almaas: Bien, en primer lugar, la existencia es uno de los aspectos esenciales. Es inherente a todas las manifestaciones de la verdadera naturaleza, a todos los aspectos y dimensiones. Y presencia es simplemente la sensación de existir de manera palpable e inmediata. Cuando experimentas el aspecto existencia, sientes tu existencia y también la existencia del mundo. Sabes lo que es la existencia como un sentimiento real, como un estado real. Si, a continuación, la pregunta es: "¿Qué existe?", eso es lo que ves en las dimensiones ilimitadas. Las dimensiones ilimitadas aportan la experiencia de lo que es la realidad, de lo que verdaderamente existe. De hecho, todo lo que existe ordinariamente todavía existe allí, pero no existe del mismo modo. Por tanto, en realidad, la pregunta no es: "¿Qué existe?", sino más bien, "¿Cuál es el modo de existencia?", puesto que este cambia dependiendo de la dimensión. Como hemos visto, en la dimensión del Amor Divino, el modo de existencia es luz, amor y presencia.

Alumno: Entonces, ¿hay algún modo de decir que yo estoy allí en esa existencia?

AH: ¿De que tú estás allí?

Alumno: Sí. Yo.

AH: El tú que conoces habitualmente no puede existir allí. Tu modo de existencia cambiaría. Cuando existes en la dimensión del Amor Divino, tu forma existe, y el cuerpo sigue estando allí, pero tu reconocimiento de ti mismo es diferente. El tú que estás acostumbrado a sentir no estará allí. Será algo diferente, y el modo en que existen las cosas también será diferente. Por ejemplo, no existirás como algo separado de otras cosas. En las dimensiones ilimitadas no hay objetos separados. Es como en tus sueños. Cuando sueñas, sueñas contigo mismo, con tu pareja, con tu casa, tu perro, tus sueños están llenos de otras personas y cosas, ¿correcto? Y todos ellos se sienten reales en el sueño, como si existieran como entidades separadas. ¿Pero existen realmente separados unos de otros? No, porque todo está en tu mente, ¿cierto? Bien, la totalidad del universo está en la mente de Dios, es lo mismo.

Alumno: Una pregunta que me ha surgido es: "¿Puedo estar plenamente en mi cuerpo? ¿Puedo tener plenamente mi experiencia y disfrutar de mi cuerpo, tomar responsabilidad y cuidar de él, y todo eso, y no identificarme con él en absoluto?", Entonces me he preguntado: "¿Qué es exactamente la 'identificación'?". Me parece que tal vez sea una contracción o una especie de fijación, o bien una idea o algún tipo de sensación física que se queda atascada y a la que me aferro. De modo que ya no es un proceso fluido, sino una especie de fijación, bien sea mental, física o emocional. Es algo atascado.

AH: Es verdad, sí. La identificación con el cuerpo, tal como cualquier otra identificación, es una fijación, una contracción, un aferrarse. Y con frecuencia alguien dice: "Para tener mi cuerpo me tengo que aferrar a él, ¿cierto?". Esto no es verdad. La verdad es que sin la identificación con el cuerpo estarás más relajado, y serás más consciente de lo que está pasando en el cuerpo. Y gracias a ello, podrás cuidar de él aún más eficazmente.

Alumno: Entonces, la identificación con el cuerpo, ¿no tiene por qué estar ahí para que yo experimente o sienta las cosas?

AH: No. En realidad, limita tu capacidad de experimentar. La identificación con el cuerpo conlleva la estructura del yo que está identificado con el cuerpo. Hay una red de patrones de tensión que acompaña a esta estructura del ego y hace al cuerpo más opaco y tenso, en lugar de abierto y flexible.

Alumno: Así que la identificación es una manera de limitarme, un modo de contraerme y de fijarme a mí mismo, y en cierto sentido lo mantengo para conseguir un sentido de identidad. Y eso es falso porque yo ya existo.

AH: Sí. El punto clave de la identidad es tener una identidad, un modo o un sentimiento de autorreconocerse, independientemente de si esto nos hace sentir el cuerpo más o menos. Mucha gente tiene una identificación con su cuerpo que da como resultado que no sientan el cuerpo en absoluto. Ellos creen que son su cuerpo, pero no sienten gran cosa en él. Y, de hecho, cuanto menos se identifican con él, más se relajan en términos de su identidad, más sienten su cuerpo y sus fluidos y su plenitud. Pero, definitivamente, esta es una pregunta que surge: "Si no tengo esta identidad con el cuerpo, ¿qué sucederá? ¿Puedo cuidar de él, o simplemente me olvidaré de él?". Bien, no te olvidarás de él, definitivamente no. Es lo mismo que con tu ropa: generalmente no te identificas con ella, y sin embargo, la lavas regularmente y la cuidas. Esto es aún más así con el cuerpo, porque tu cuerpo siempre está ahí, no como la ropa. Y si reconoces la verdadera naturaleza del cuerpo, ves que está hecho de amor y, entonces, por supuesto, tú también lo amas y cuidas de él. Después de todo, es el vehículo a través del cual estás experimentando todas las cosas, de modo que es muy valioso para ti.

Alumno: Parece haber una conexión especial con él.

AH: Yo ciertamente diría que es especial.

Alumno: Quiero decir que, no puedo conseguir otro en la Brecha.

AH: No, en este ciclo de vida, no puedes. Quién sabe, dentro de cien o doscientos años, tal vez puedas conseguir otro. En la era de los cíborgs.

Alumna: He visto algo que no había visto nunca antes sobre esta identificación, y es el valor que tiene. Si indago en ella, veo que saca y pone a disposición del amor divino todo lo que él necesita de mi sistema. Últimamente he estado muy preocupada por el nivel físico, he vendido mi casa y he tratado de encontrar otra nueva, y me preocupa traer a mi madre a esta nueva situación. De modo que mi cuerpo ha estado teniendo mucha tensión y dificultad. Y cuando entraba en la identificación con el cuerpo, mi primera respuesta era: "Oh, no hay nada correcto en identificarse con él". Y a continuación, a medida que indagaba en el estado del cuerpo y sentía la concha vacía que es la estructura de la identidad ego, descubrí que se hacía aparente la vulnerabilidad de las necesidades que había estado suprimiendo. Entonces algo empezó a fundirse, y sentí amor por mi condición de vulnerabilidad y por la necesidad de atender a las partes de mí misma a las que les resulta intolerable estar haciendo todas estas actividades propias de una adulta. De modo que la identificación tiene su propio brillo. Pero mi primera respuesta fue: "La identificación no es la verdad, de modo que debe estar equivocada...". Pero tiene una función.

AH: Sí, es verdad. La identificación tiene una función. Es un camino para que el ser se encarne, para estar en el cuerpo. Es un modo de venir a este mundo, y parte de ese proceso es identificarse con el cuerpo. Es parte del proceso del desarrollo del ego, pero eso solo es una etapa. Sin embargo, nos quedamos atascados en esa etapa, y después pensamos que esa es la totalidad de la historia. Esa es la dificultad.

Alumna: Pero el atasco cambió cuando tomé conciencia de la vulnerabilidad que el cuerpo estaba expresando al mantenerse en tensión, lo cual yo no estaba teniendo en cuenta.

AH: De modo que, a medida que te haces consciente de esa identificación, se disuelve: te desidentificas. La identificación se disuelve, pero el cuerpo sigue estando ahí, y puedes seguir actuando con él en el mundo físico. Entonces actúas más eficazmente porque no tienes miedo. Ya no tienes tanto miedo de morir, de modo que eso te da más coraje para actuar en el mundo. Lo más probable es que la vulnerabilidad que experimentas se deba a que el cuerpo se relaja y revela la estructura de identidad y su historia, que tiene muchas necesidades y vulnerabilidad.

Alumno: ¿Podrías decir algo sobre la relación con la muerte física? Estoy muy confuso con lo que has dicho: "Solo es el cumpleaños de mi cuerpo" y "Yo no tuve un comienzo, y no tendré un final". No estoy seguro de si te refieres a que el amor divino existe para siempre, para la eternidad, y a que esta forma inmediata se disolverá o será reabsorbida en él, de modo que estarás plenamente en el amor divino y ya no serás una condensación de él; o si tienes alguna experiencia de que el alma existe aparte del cuerpo, de modo que la individualidad o condensación seguirá existiendo.

AH: Después de la muerte, ¿es eso lo que estás preguntando?

Alumno: Después de la muerte física. Y también antes de la muerte, en el nacimiento físico.

AH: Sí, el alma puede existir aparte del cuerpo físico. Esto es definitivamente cierto. No obstante, al mismo tiempo, cuando tu identidad está en la dimensión del Amor Divino, si reconoces tu verdadera naturaleza, que tú eres la misma conciencia que es la naturaleza de todas las cosas, entonces el concepto de muerte se desmonta completamente. Porque, entonces, ¿qué podría morir? Si eres todas las cosas, no puedes morir. No tiene sentido que nazcas o mueras.

Alumno: Bien, en el sentido de que el alma es una condensación de eso, el alma podría morir si se dispersase.

AH: Sí, el alma puede morir. Pero, como amor divino, tú eres más grande que el alma.

Alumno: Correcto. Pero también estás diciendo que el alma...

AH: Eso es en el nivel del alma, sí, puede sobrevivir al cuerpo físico. De modo que, cuando digo que no naciste en tu nacimiento, me estoy refiriendo al alma, pero también al amor divino. Como alma, eso es correcto, no naciste entonces. Al menos podemos decir que naciste en, o en torno a, el tiempo de la concepción, si no crees en la vida antes de la concepción. Pero desde la perspectiva ilimitada del amor divino, bien, toda la idea de tiempo cambia. Porque piensas en el cuerpo en términos de movimiento y tiempo, de modo que tiene nacimiento y muerte. Pero, desde la perspectiva de esta unidad de conciencia, no existe tal cosa. De modo que sí, el alma está allí antes del cuerpo y después del cuerpo.

Recuerda que el alma se alivia a sí misma de la estructura del ego, que le da una identidad basada en el cuerpo. Cuando la identidad ego se va, el cuerpo sigue siendo una expresión de la conciencia ilimitada del amor. Ya no define al alma, sino que simplemente es parte de ella. Podemos sentir que el alma se disuelve, pero es momentáneo; siempre retorna, pues el alma es la expresión de conciencia que permite a la conciencia tener experiencias conscientes. El alma es el órgano de experiencia y no hay experiencia sin alma: un ser individual consciente. Pero, aquí, el alma es un ser consciente que está libre de la estructura y de los patrones del ego, incluyendo la identidad con el cuerpo. De modo que, si hay experiencia después de la muerte, obviamente se necesita el vehículo o la lente del alma para tener experiencia o para ser consciente de la conciencia.

Alumno: De acuerdo. Y, como la otra persona, yo estaba luchando con esta pregunta de si me desidentifico del cuerpo, y entonces pensaba en esto en términos de estar como disociado. Ha habido momentos en los que me he sentido disociado, en los que realmente no estoy conectado con mi cuerpo. Y por eso pensaba en términos de: "Bien, ya no me importaría cuidar de él. ¿Por qué sentiría la motivación de tener un cuerpo si sintiera que soy el amor divino?". Entonces, ¿puedes hablar un poco más sobre cómo amarías tu cuerpo, porque el cuerpo es amor?

AH: Sí, puedes ser amor divino en el estado de ser solo el testigo del cuerpo, pero no siendo el cuerpo. Y eso puede ser disociación. Algunas personas pueden ir a la dimensión ilimitada o no dual de experiencia a través de la disociación, como cuando se alejan de un trauma. Esto es posible, pero no produce liberación de la influencia de los patrones y del sufrimiento del trauma. Sin embargo, en los otros estados que he mencionado, cuando el cuerpo forma parte de todas las cosas y tú eres todas las cosas, eso no es lo mismo que la disociación, porque entonces estás sintiendo el cuerpo mucho más intensa y completamente.

Alumno: Y te estás sintiendo profundamente conectado con él.

AH: Oh, sí. Entonces es como que el cuerpo mismo es pura conciencia. De modo que no puedes llamar a eso disociación, porque la disociación es una reducción de la conciencia.

Alumno: Descubro que cuando miro a mi identificación, no es con el cuerpo físico mismo, sino con mis pensamientos, sentimientos, sensaciones, deseos, esperanzas y todo eso. Y cuando miro a eso, parece que todavía es... es ciertamente desde un punto de dualidad y ciertamente surge de mi cuerpo y en torno a mi cuerpo, pero no es de mi cuerpo. E incluso cuando pienso en los estados esenciales, sigo pensando desde este punto de vista. ¿Sabes?, como qué hacen ellos por mí y por los estados que experimentaré dentro de mi cuerpo. Y parece que es ahí donde me quedo atascado.

AH: Sí. De modo que, cuando estás identificado con el cuerpo, así es como funcionas. Tiendes a valorar la realidad que contiene tu identidad. Si tu identidad está en el cuerpo físico, entonces lo que tiene valor es el universo físico. Si te identificas con la esencia, entonces lo que es valioso es tu naturaleza esencial. Si tu identidad está en el amor divino, reconoces que lo valioso es la experiencia divina. Y, por supuesto, cuanto más de ti incluyas, más objetivo es tu sentido de valía. Si solo estás identificado con el cuerpo físico, entonces solo estás tomando una capa de quien eres y estás diciendo que eso es lo valioso. Pero, desde la perspectiva del amor divino, reconoces el valor de la esencia. Y su valor no tiene nada que ver con lo que te da a ti. Al principio, pensamos que el valor de la esencia es que me da liberación, me da plenitud, me da amor, compasión, calidez, abrigo. Son todas cosas estupendas, ¿cierto? Pero cuando te abres paso hasta el nivel del amor o la luz, te das cuenta de que no, ese no es el verdadero valor de la esencia. El verdadero valor de la esencia es simplemente que está ahí. Porque es lo que es verdad, es lo que es real.

Y recuerda, cuando digo que nuestra identidad no es el cuerpo, no estoy devaluando el cuerpo de ninguna manera. El cuerpo es, en cierto sentido, una dimensión de presencia, una dimensión de presencia que es necesaria para que seamos conscientes de todas las dimensiones de presencia en este mundo. De modo que ese es su valor. Sin él, no podríamos tener toda esta experiencia. Y cuando digo que nuestra identidad es amor divino, más allá del alma, no estoy devaluando el alma. Porque sin el alma no seríamos capaces de experimentar el amor divino.

Alumno: He sentido, y siento, mucho entusiasmo y alegría en torno a este ejercicio. Porque ha surgido algo que todavía está presente. Y es la idea de que, con toda esta cuestión de la identificación con el cuerpo, viene la sensación de que yo estoy aquí, y eso es todo lo que cuenta. Ha habido un montón de cosas nuevas que han surgido en el ejercicio, pero, de principio a fin seguía oyendo: "Estoy aquí". Es algo que tiene mucha carga y es genial.

AH: Sí. Suena maravilloso. Cuando experimentas tu presencia, esa es la sensación de yo estoy aquí. Este "yo estoy aquí", que es la presencia que eres, existe en muchos niveles. El amor divino solo es uno de los niveles. Cuando sientes: "Yo estoy aquí, pero también estoy en todas partes", eso incluye el "yo estoy aquí". Porque todas partes también es aquí y ahora.

Alumno: Para mí, este ejercicio ha dado un nuevo significado a este dicho de que los ojos son la ventana al alma. Me he dado cuenta recientemente de que la manera de tener esta experiencia de ausencia de límites es a través del contacto ocular, que nunca me había permitido antes. Y no solo ausencia de límites, sino intimidad y expansión, y poder olvidarme de mi cuerpo. Puedo orientarme hacia el "otro", y es una manera de conectar con los demás. A veces, trato de hacer esto ante el espejo, mirando a mis propios ojos para ver si esto me lleva lejos de mí mismo. Pero es una experiencia muy distinta; la siento egoísta, limitante y no me expando. Me siento muy contenido y limitado. ¿Por qué no puedo hacerlo cuando me miro al espejo? ¿Por qué no puedo expandirme cuando hago contacto ocular conmigo mismo, como cuando hago contacto ocular con otros?

AH: Es una pregunta interesante. Debido al amor divino. Como he dicho antes, el deseo, la tendencia a buscar contacto, a compartir, a fundirse, a la comunicación y al amor, todo eso expresa el hecho de que en alguna dimensión somos uno. De modo que, si estás mirando a los ojos de alguien, en cierto sentido te estás viendo a ti mismo. Es la misma identidad. Es más fácil ver esto mirando a los ojos de alguien que mirándose en el espejo, porque la luz parece más brillante allí, en la otra persona. Y en cuanto a que los ojos son la ventana al alma, digamos que el cuerpo es una ventana al alma. Y el alma es una ventana a tu verdadera naturaleza. Y la verdadera naturaleza es una ventana al ser divino.

Alumno: Interpreto que cuando dices que necesitamos un cuerpo para experimentar cualquiera de las dimensiones, te refieres a que necesitamos el aparato sensorial. Entonces, ¿cómo las experimenta el alma cuando no coexiste con el cuerpo?

AH: ¿Te refieres a cuando está sin el cuerpo, cómo después de la muerte?

Alumno: Sí. Sin el aparato sensorial, ¿cómo hay experiencia?

AH: No lo sé exactamente de manera segura. Pero sabes que puedes tener percepciones sutiles. Que puedes ver u oír cosas, aunque no a través del cuerpo físico. Cuando alguien puede "ver" su estado interno, dentro de sí, no está usando la visión física.

Alumno: Si yo tengo una experiencia así, por sutil que sea, siempre me parece que está involucrado algún aspecto de mi aparato sensorial. ¿No es así?

AH: No. Si piensas en ello, verás que no es así. Tus ojos no miran dentro de ti. Si estás viendo colores y formas dentro de ti, ¿cómo estás viéndolos? Eso es un ejemplo. Y el otro ejemplo es, por supuesto, el fenómeno bien conocido de la percepción extrasensorial.

Alumno: Solo puedo pensar que, si estoy teniendo esa experiencia, en la que estoy viendo colores dentro, de algún modo, la manera en que estoy percibiéndolos está conectada con el hecho de que tengo un cuerpo. Guarda relación con saber cómo es tener un aparato sensorial.

AH: Eso es lo que tú asumes. Pero, desde la perspectiva del amor divino, reconoces que el cuerpo no es tan fundamental como la presencia. Mientras te identifiques con el cuerpo, el cuerpo seguirá siendo la base fundamental, y todo le ocurre a él u ocurre desde él. Pero cuando estás en terrenos más profundos, cuando estás viendo al nivel del Amor Divino o de dimensiones más profundas como la dimensión Suprema o la dimensión Absoluta, entonces estás en un lugar que contiene lo físico, pero es más profundo que lo físico. Y entonces te das cuenta de que toda conciencia viene de esa dimensión más profunda. No del cuerpo. Un modo de verlo es imaginar que tal vez el cuerpo físico añade más discriminación y diferenciación al alma de la que el alma puede tener por sí misma. No obstante, mientras vivimos físicamente y estamos aprendiendo a realizarnos físicamente, quizá nuestra alma pueda desarrollar una capacidad de discriminar y experimentar que no tenía antes, y que después puede usar cuando el cuerpo se ha ido. Entonces tienes el cuerpo de luz del que se ha hablado antes. Es otro cuerpo, un cuerpo espiritual.

CINCO
Liberación completa

Hemos visto que, cuando exploramos las dimensiones ilimitadas, ya no estamos explorando solo la esencia del ser humano y del alma, estamos explorando la esencia de la realidad, la esencia de todas las cosas, la esencia del universo entero. Y al explorar estas dimensiones, empezamos a mirar más a: "¿de dónde viene la esencia que sentimos dentro de nosotros?". Al principio del viaje, descubrimos que podemos experimentar distintos aspectos de la esencia de nuestra alma, a los que nos referimos, por ejemplo, como esencia roja o fortaleza, esencia verde o compasión, amor y voluntad. Pero, a medida que miramos más allá de nuestra propia alma, surge la pregunta: "¿de dónde viene todo esto?".

En cuanto te planteas esta pregunta, empiezas a entrar en las dimensiones ilimitadas. Eso se debe a que pronto reconoces que la esencia no viene de dentro de ti, de tu hígado o de tus intestinos. Pero, si no sabes de las dimensiones ilimitadas, ¿de qué otro modo vas a verlo y pensar en ello? Vas a pensar que probablemente todo ello se debe a tus hormonas. Cuando algunas personas sienten el flujo de la esencia, en realidad piensan: "Oh, solo es el flujo de mis hormonas o el flujo de la energía en mi cuerpo". De modo que, en realidad, nunca averiguan lo que está realmente allí, qué es la esencia, y de dónde

vienen sus cualidades. Pero cuando experimentas la esencia
dentro de ti, si observas la sensación inusual de su energía y
presencia, reconoces que es evidente que no se trata de un fenómeno físico. No se siente físico, y sin embargo es sustancial.
De modo que te preguntas: "¿Qué es? ¿Y por qué ocurre todo
esto?". Al explorar estas cuestiones, descubrimos la fuente de
la esencia, de dónde viene. Y entonces es cuando empezamos
a abrirnos, a medida que el alma se abre a la ausencia de límites de la esencia. Reconocemos que no solo está dentro de
nosotros; está en todas partes.

Y cuando digo que esta esencia sin límites está en todas partes y no viene del cuerpo, recuerda que esto no significa que el
cuerpo deba ser visto como algo negativo, algo que tengas que
rechazar o que transcender. No es así. Ya hemos visto que este
amor o presencia ilimitada está por todas partes, es la esencia
de todas las cosas. Es la naturaleza de toda la realidad física, de
modo que incluye al cuerpo. Si solo has experimentado la esencia como algo en tu cuerpo físico, entonces todavía no conoces
la verdadera naturaleza del cuerpo; todavía estás pensando en
tu cuerpo biológicamente, y todavía no lo conoces espiritual-
mente. Cuando llegas a las dimensiones ilimitadas y ves que
el cuerpo está hecho de tu esencia, y que *todas las cosas* están hechas de esencia, sabes que la esencia no es solo algo
que sientes dentro de tu cuerpo. Solo la limitación de nuestro
entendimiento nos hace ver la esencia como algo dentro de
nosotros, o como algo que no tenemos dentro de nosotros y
necesitamos conseguir de otra parte.

De modo que la esencia está aquí todo el tiempo. Está en
todas partes, y es para todos. Realmente, esta es la mejor noticia posible. Algunas personas dicen: "Bien, no sabía esto antes.
Nadie me lo dijo, y por eso estoy enfadado". Bien, estate enfadado. Pero la clave para sentir y comprender tu enfado o tu
dolor es ser capaz de conectar con la verdad de que la esencia
está aquí en todo momento. Si simplemente continúas estando
enfadado, continuarás separándote de ella. Si sigues creyendo
que eres un alma separada y abandonada, simplemente segui-

rás separado del océano en el que vives. Y entonces seguirás buscándolo, buscando lo que tienes justo debajo de la nariz.

Por eso es útil ver las cosas desde la perspectiva de las dimensiones ilimitadas. Yo las enseño porque así es como veo las cosas: solo estoy describiendo la verdad tal como la percibo. Esto conecta con algunas personas que dicen: "Sí, eso tiene sentido". No solo tiene sentido, también llena el corazón, libera el alma y limpia el cuerpo. Entonces el cuerpo se vuelve muy pleno, abierto, jugoso, y vemos que el propio cuerpo está hecho de amor y luz.

De modo que esta no es como algunas enseñanzas que dicen que deberíamos ignorar el cuerpo y enfocarnos solo en el espíritu. Lo que digo es que al reconocer que tu verdadera naturaleza es más que lo físico, y que no estás limitado por tu cuerpo, te abres a esta otra dimensión, que todavía incluye al cuerpo. E incluso si después de eso solo te identificas con el cuerpo, sabes que tu cuerpo no es solo físico. Y después de un tiempo, ya no puedes seguir identificándote con él, no porque no quieras, sino porque ves que no es una cosa separada: está hecho del mismo amor y luz divinos que todo lo demás.

Y cuando nos abrimos a este amor divino, este néctar que compone el universo entero, tenemos una sensación de su dulzura, de su exquisitez y de su armonía. Estas son las cualidades de la presencia misma: dulzura, suavidad, una sensación de flujo, una ligereza, un resplandor, una cualidad brillante. Y el efecto que tiene en nosotros es que nos produce una sensación de liberación y libertad: completa liberación, completa libertad y completo deleite. Hay un estado de no tener ninguna preocupación en absoluto. Es decir, ¿por qué habrías de estar preocupado cuando te das cuenta de que el mundo entero es amor?

Lo que queda entonces es ver qué partes de ti no ven el amor omnipresente y trabajarlas. Y eso no significa que cuestiones el amor; simplemente cuestionas esas partes de ti que no lo ven; hacer eso es lo inteligente. Si realmente sientes este amor por ti mismo, empezarás a ver todos esos lugares dentro de ti que no se creen que sea verdad. Y entonces preguntas:

"¿De qué va todo esto? Aquí está, todo este amor rodeándome. ¿Cómo es que hay unas partes de mí que no se lo creen?". Porque si verdaderamente vemos el amor y estamos convencidos de él, si nuestra mente acepta eso, el amor simplemente estará ahí. Entonces no importará qué sufrimiento haya en ti y en el mundo, porque siempre se puede ser libre de él. Siempre está la posibilidad de la liberación, del deleite y de la ligereza del ser. Y si hay dolor, la ligereza puede sentirse como compasión. Donde hay dificultad y barreras, la sensación de libertad puede convertirse en una fuente de fuerza y poder. Pero es una fuerza divina y un poder divino, de modo que son mucho más potentes y tienen un impacto mucho mayor.

Ya he explicado que la presencia del amor divino y su dulzura pueden manifestarse en nosotros como un deseo de él, un anhelo de él. Evoca un anhelo de fusión y de unión. Sin embargo, ahora podemos ver que hay otro tipo de anhelo que está más cerca de la verdad del amor divino; no es solo el deseo y el anhelo de unión, sino el deseo y el anhelo de la despreocupación que trae este amor. Porque esto se parece más a lo que es este estado: una condición de presencia en la que no hay preocupación ni conflicto, ni miedo, ni inseguridad, y no hay necesidad de preocuparse de nada. De modo que el anhelo de una condición libre de toda preocupación refleja el anhelo del amor divino. A continuación, puedes leer un extracto de mi diario escrito en torno al tiempo en el que estaba aprendiendo sobre el amor divino. Te dará una idea de lo que puede ocurrir cuando surge este anhelo, una historia posible sobre su despliegue.

> Ayer me desperté sintiendo una profunda tristeza. Tenía los ojos llenos de lágrimas. No sabía cuál era la causa de la tristeza. En meditación, empiezo con el deseo de simplemente ser consciente. Después de un rato, veo la futilidad de ello. Veo que incluso prestar atención es hacer, es esfuerzo, y se basa en el deseo. No siempre se basa en el deseo, pero esta vez soy controlado por el deseo de ser libre. Vuelvo a sentir de nuevo profundas lágrimas. La tristeza

está conectada con un anhelo de un estado completamente libre, donde ni siquiera hay necesidad de ser consciente. Donde solo ser, por sí mismo, es suficiente. Veo y siento que no sé qué hacer para alcanzar ese estado. Siento que no hay nada que pueda hacer en esta situación. Todo lo que hago es esfuerzo, y el esfuerzo no funciona. Asimismo, no es lo que quiero. Decido no hacer nada. No quiero seguir haciendo esfuerzos. Quiero una condición completamente libre de esfuerzo y despreocupada. Si siempre tengo que prestar atención y ser consciente, estoy derrotándome. Dejo de intentarlo. Renuncio a practicar cualquier técnica, incluso a ser consciente. Simplemente, me dejo estar allí, ocurra lo que ocurra.

Decido no trabajar en mí mismo durante un tiempo. Hay una sensación constante de irritación, frustración y anhelo, así como de desvalimiento. A medida que siento el desvalimiento, trae consigo una luz consciente, que es tanto amor como luz. Baja por la cabeza al pecho. Sabe ligeramente dulce y parece una luz líquida blanca-dorada, amarillenta. Obviamente, estoy buscando la relajación y liberación que esta luz divina puede traer, donde no hay contracción en absoluto, no hay preocupación en absoluto. Donde el corazón está abierto y feliz, y la mente descansada. Así, esto conduce a descubrir el problema fundamental de toda búsqueda, incluso de la búsqueda de la iluminación: el ciclo de esperanza, deseo y rechazo que bloquea el flujo de amor y de luz.

Entender esta dinámica de la esperanza abre una gran puerta que conduce a entender la esencia desde una perspectiva sin ego. Después de esta toma de conciencia, experimento la luz consciente la mayor parte del tiempo. La siento en el pecho, principalmente en el centro sutil del esternón, al que llamo el *mobius*, en forma de luz dorada fundida. A veces veo que vuelvo a sentirme motivado por la esperanza, y con ella viene la comparación, el rechazo, el sufrimiento y el deseo de liberación.

Pero, para mi sorpresa, de vez en cuando una voz aquietada, que parece venir del *mobius*, dice: "Está bien; no importa". Y entonces ya no me preocupa cambiar nada ni ir a ninguna parte. Solo hay curiosidad con respecto a la situación, sin motivación.

Conforme pasa el tiempo, la luz consciente se hace más presente a medida que entiendo algo sobre una especie de frontera de plástico de la que he tomado conciencia alrededor de mi cuerpo. Veo que esta frontera es la estructura que acompaña al hecho de ser un individuo limitado. Así es como se manifiesta la frontera del ego, y aquí la siento como si estuviera hecha de plástico; tiene ese tipo de textura dura y resistente. Conforme veo esta frontera de plástico, reconozco lo que impide que se disuelva: es la esperanza de liberarse de ella. De modo que me aproximo a ella con rechazo y con esperanza. Al ver esto, parece que el plástico se funde en luz, y así la frontera empieza a disolverse.

Un poco después estoy viendo la tele. En algún momento, me doy cuenta de que no me siento separado de la televisión. En realidad, lo que ocurre es que estoy viendo la televisión y, de repente, digo: "¡Dios mío, parece como si estuviera allí!". Recuerdo que estaba viendo una película del Oeste y dije: "Dios mío, ¡soy la película del Oeste! ¡Soy ese vaquero!".

Es curioso, pero ahí es cuando empecé a conocer verdaderamente la ausencia de límites: en realidad, antes de eso no la había conocido. Mi diario continúa:

A medida que se expande la percepción sutil, lo primero que noto es que es diferente de la conciencia sin ego. En esa experiencia no hay sujeto, solo objetos. "Aquí" es un estado distinto. Me experimento a mí mismo como una presencia que es algún tipo de luz consciente. Este yo no tiene límites, hay una identidad sutil con todas las cosas.

Mirando afuera, al jardín, percibo que está hecho de la misma luz que yo, y por tanto soy el jardín, soy los árboles. La luz es el fundamento de todas las cosas: todos los objetos surgen de ella y existen en ella. Como la luz es el origen y la identidad de todas las cosas, soy consciente de que yo soy la luz, y de que todo está en mí, incluyendo la mente y el cuerpo. Soy consciente de mi identidad con la dulce luz divina siendo ella. Soy todo, soy todas las cosas. De modo que cuando miro en la habitación y veo a Marie, mi esposa, tumbada allí durmiendo, reconozco que ella también es yo, porque ella es la misma dulce luz. Y cuando reconozco esto, la luz se vuelve aún más dulce. Hay una ausencia sutil de todas las fronteras del yo; esto va más allá de la barrera de la experiencia individual. Solo hay un sujeto, y todos los objetos son manifestaciones de este sujeto uno. No hay dualidad; hay unidad. La experiencia es rompedora para el ego, pero de una manera muy serena y sutil.

A partir de esta descripción de entrar en la dimensión ilimitada, en este caso en el Amor Divino, puedes ver que no significa que deberías dejar de prestar atención a la realidad física. No, la realidad física —la televisión, el jardín, los árboles, mi pareja, mi propio cuerpo—, todo sigue estando ahí y tiene que ser atendido como siempre. Y no hay conflicto en esto, porque vemos que esa realidad física no está separada de nuestra naturaleza esencial, de modo que hace que sea más fácil lidiar con lo físico, en lugar de hacerlo más difícil. Voy a decirlo una vez más: entrar en lo ilimitado no implica rechazar lo físico y no cuidar de ello. De hecho, queremos conocer nuestra realidad física y nuestro cuerpo tan profundamente como podamos, y, a medida que profundizamos, vemos en qué está enraizada la realidad física, vemos lo que lo contiene todo, lo cual despierta en nuestra alma el anhelo de liberación y libertad.

De modo que el acercamiento del amor divino puede emerger en nuestra alma como un anhelo de él, que puede sentirse como un anhelo de liberación y completa libertad del cuidado y la preocupación. No obstante, puede haber barreras en contra de sentir ese anhelo de liberación. Por ejemplo, podríamos pensar que en realidad la liberación no es posible. Podríamos tener todo tipo de dudas y preocupaciones sobre si alguna vez podremos alcanzar ese estado de despreocupación y decir: "Bien, ¿qué sentido tiene intentarlo o incluso pensar en ello?". Podemos sentirnos tan desesperanzados con respecto al amor divino que ni siquiera nos permitamos anhelarlo. Entonces el problema es que enfocarte en si vas a conseguir lo que anhelas te separa del movimiento de tu corazón. No estás permitiendo que la presencia divina te toque desde dentro ni que despierte en ti el sentimiento de querer estar más cerca de ella.

SESIÓN DE PRÁCTICA
ANHELO DE LIBERACIÓN

Este ejercicio es una oportunidad de explorar las barreras que ponemos al sentir el anhelo de liberación. En el ejercicio, se repite una pregunta, como las que hemos hecho en los capítulos 1 y 4. Si estás practicando con otros, cada persona tendrá quince minutos para responder a la pregunta. Si estás practicando solo, te puedes escribir tu respuesta a ti mismo.

Háblame de qué te impide querer la liberación completa.

... ...

PREGUNTAS Y COMENTARIOS

Alumno: Tradicionalmente, algunos maestros, como Ramana Maharshi, dicen que para la persona iluminada estar en el cuerpo es como intentar mantener un elefante dentro del armario. Sigo oyendo este tipo de declaraciones de que no puedes estar totalmente iluminado y estar en el cuerpo. Además, está la idea de que los maestros iluminados solo están aquí para ayudarnos, o tal vez si uno de ellos todavía sigue aquí es porque no ha completado el proceso. Supongo que lo que quiero preguntar es: ¿están diciendo estas cosas simplemente porque no están lo suficientemente integrados?

A. H. Almaas: ¿Estás diciendo que esos maestros dicen que no es posible estar completamente iluminado dentro de un cuerpo físico?

Alumno: Sí. O como dijo... no me acuerdo cuál de ellos fue, tal vez fuera Neem Karoli Baba, cuando estaba a punto de morir, dijo: "Oh, ahora soy liberado para siempre de la cárcel central".

AH: Pero ciertamente podrías sentir el anhelo de esa liberación completa. Y podrías experimentar la liberación completa en una gran medida, como algo central en tu vida. Ahora bien, ¿puedes experimentarla completamente, de todas las maneras, todo el tiempo, cada segundo? Bien, esa es la pregunta. ¿Es eso posible mientras haya un cuerpo físico? Mucha gente dice que no es posible.

Esta cuestión también implica que estar liberado significa estar siempre en el mismo estado, como que siempre eres amor divino. Pero esto no es lo que ocurre: en la liberación, el estado puede cambiar. Puede ser amor divino, o conciencia pura, o simplemente ser, u otras formas en que podemos ser nuestra verdadera naturaleza. La liberación significa que siempre somos verdadera naturaleza, no que siempre seamos amor divino. Pero ese amor divino siempre es accesible. Ocurre que ahora estamos explorando nuestra verdadera naturaleza en su dimensión de Amor Divino.

Alumno: Ha sido un ejercicio interesante. Mi experiencia es que no he podido encontrar nada que me impida querer la liberación completa. Lo que he descubierto es una especie de pregunta de por qué no la quiero todavía más. Es casi como una pregunta de cuánta pasión pongo en mi anhelo. Y el ejercicio ha evocado mucha más pasión. Ha sido interesante que, incluso en broma, he dicho a mi compañero: "Vamos, tú tienes la realización y yo la quiero, ¿acaso no quieres compartirla?". Es como si estuviera en algún otro lado. Y es obviamente algo en lo que tengo que trabajar y que tengo que examinar más. Pero hay algo relacionado con cuánto deseo la liberación que parece ser el problema.

AH: Sí. De modo que este "cuánto" es parte de ello, definitivamente. Eso está bien. Estoy seguro de que esto es lo que le ha pasado a mucha gente, porque muchos experimentan ese querer, y cuando pregunto: "¿Qué te detiene?", puede ser que algo te detenga en términos de cuán intensamente, cuán profundamente, cuán plenamente lo experimentas. Muchas personas sienten pasión por la verdad, por la liberación, pero solo para unas pocas es una pasión que les consume.

Alumno: Parece que haciendo este trabajo he ido cayendo cada vez más en una trampa. Y ahora mismo siento que se ha ido acumulando mucho miedo. Es como si fuera una trampa: quiero la liberación, pero no la quiero; la quiero, pero no la quiero. Pasado un rato, es una locura. Es como que la quiero mucho y, entonces, ¿por qué a continuación doy un paso atrás? La quiero con todo mi corazón, y no la quiero con todo mi corazón. Y siento que estoy en este dilema, como un animal enjaulado. Me siento como un animal dando vueltas por la jaula.

AH: Uh-uh. Eso tiene sentido, sí.

Alumno: Por un momento, el dilema es muy divertido, y al siguiente es la cosa más dolorosa. Y contener todo esto... es como que quiero gritar, por la tensión que todo esto me provoca.

AH: Es un dilema. Y cuando alguien llega a este lugar, reconoce el dilema. Cuanto más se intensifica el anhelo, más aumenta el miedo de perderse a uno mismo, y ese miedo se defiende. El anhelo es perderse a uno mismo en la verdad, en el océano de amor y de ser. Pero, aunque es la liberación, para el ego es la aniquilación. De ahí, el conflicto.

Alumno: Pero yo quiero salir de él.

AH: De modo que tal vez eso refleje que quieres la liberación, ¿cierto? Dices que no quieres tener este dilema. Quieres liberarte de él.

Alumno: Anhelo la liberación. Y después pienso que el anhelar y el querer, este anhelo, en realidad es más que el deseo de la experiencia concreta.

AH: Eso podría ser. Correcto.

Alumno: Porque yo podría no estar presente para experimentarlo.

AH: Eso es verdad. Tú podrías no estar. Entonces, ¿piensas que eso es algo malo? Esa es la pregunta.

Alumno: Bueno, sí, esa es la pregunta. ¿Cómo puedo invitarlo plenamente, totalmente?

AH: No lo sabes. Esa es la preocupación: que si realmente quiero eso y dejo que ocurra, es posible que yo no esté allí para saber cómo es. Porque tú no sabes cómo es cuando ocurre algo así. ¿Quién va a estar presente para experimentarlo?

Alumno: Y en cuanto renuncio completamente a quererlo y a querer estar presente para experimentarlo, entonces el deseador entra y se aferra con más fuerza. Y así vuelvo al dilema.

AH: Es un dilema en el que te encuentras a ti mismo en una cárcel, ¿cierto? En algún tipo de prisión. Pero los muros de la prisión son tu propia identidad. De modo que, cada vez que te afirmas a ti mismo, afirmas los muros de la prisión. ¿Ves? Cada vez que dices quiero algo, o no quiero algo, estás afirmando los muros de la prisión. Ese es el dilema. De modo que lo único que puedes hacer es reconocer esto hasta que estés completamente convencido de que no puedes hacer nada al respecto. Este es el dilema que describía en mi diario. Te sientes completamente inútil. Y renuncias a hacer. Reconoces que no eres tú quien puede hacerlo. Y entonces se produce la intervención divina. Ahí es cuando el amor divino aparece, como gracia. Pero no antes de que te sientas completamente impotente, desamparado. ¿Ves?, esto es lo que pasa cuando la gente dice: "¿Dónde está Dios?". Dios no se presenta hasta que te sientes completamente desamparado y aceptas tu desamparo. Mientras no aceptes que como un yo eres incapaz, mientras creas que puedes hacer algo, o al menos sigues ocupado escondiendo tu desamparo, lo divino no intervendrá.

Alumno: Pero entonces... Bien...

AH: Esa es la trampa.

Alumno: Estoy sudando. Creo que me siento más enjaulado. Y más inútil.

AH: Muy bien. Simplemente ves la jaula. Quiero decir que, para muchos de nosotros, tal vez este trabajo que estamos haciendo aquí ahora, en este ejercicio, nos mostrará la jaula. Y eso en sí mismo —si eso ocurre— es suficiente. En realidad, simplemente ver la jaula y algo sobre la naturaleza de la jaula ya es mucho.

Alumno: Pero estoy luchando con una cosa en torno a todo este problema. Si renuncio a la lucha y siento la luz divina, justo cuando finalmente siento que estoy soltando la lucha y sintiendo la deliciosa presencia, ¿sabes lo que a veces ocurre entonces? Parece que en ese punto mi ego se aferra todavía con más fuerza.

AH: Eso también ocurre. Mientras creas que puedes aferrarte, eso es lo que harás. Hasta que aprendas a través de la repetición de la experiencia que esa es la manera de perder la experiencia. Cuando tratas de aferrarte a ella, la pierdes.

Alumno: No siento como que "yo" estoy tratando de aferrarme a ella.

AH: Sí, lo sé. Es posible que no lo sientas así. De modo que simplemente tienes que ver, ¿qué es lo que trata de aferrarse? Si recuerdas lo que he leído de mi diario, yo estaba sintiendo la impotencia, ¿cierto? Y entonces me di cuenta: "Bien, no hay nada que puedas hacer, olvídalo". El amor divino no apareció justo entonces. Apareció un poco más tarde, cuando estaba viendo la tele. La cuestión es que al ver la tele me olvidé completamente de todo, ¿ves? Renuncié, y no estaba en el bosque, sentado allí, esperando. Realmente renuncié, y dije, más me vale ver una película del Oeste.

Alumno: Para mí, esta cuestión suscita algo sobre mi relación con las enseñanzas. Es algo que he venido sintiendo mientras escuchaba esta enseñanza, y me produce un gran dolor. Puedo sentir en mí mismo todos estos pequeños lugares en los que retengo y me aferro. Y mientras trabajaba con la pregunta, me he dado cuenta de que estaba impidiéndome soltar, estar plenamente con las preguntas que surgen en mí y estar presente: este retener está directamente relacionado con mi ambivalencia con respecto a sentir la profundidad de mi deseo sin saber si alguna vez se podrá cumplir.

AH: Eso tiene sentido. De modo que el deseo y el anhelo es por la liberación total y completa, la cual, como he dicho, en realidad solo es un anhelo de esa condición de amor divino, que es la naturaleza de todas las cosas. Ese amor, esa luz, esa libertad. Así, a medida que este amor toca el alma desde dentro, esta se activa y empieza a despertar en primer lugar como este anhelo, como este deseo. Un modo de acercarse y empezar a abrirse a ese amor divino es reconocer el anhelo y permitir que ocurra. Y eso significa ver todas las barreras que se erigen contra él.

SEIS
Jabba el Hutt[2]

Ahora vamos a explorar más profundamente las cuestiones que ya hemos examinado: ¿Qué es el mundo físico? ¿Y qué es la realidad en contraste con nuestra experiencia habitual de ella? Para hacer esto, miremos más de cerca nuestra experiencia habitual. ¿Cuál es la posición subyacente que el ego asume hacia el mundo? Y, a continuación, ¿cómo dicta eso la experiencia del alma y su relación con dicho mundo?

Si hemos experimentado lo ilimitado que es el ser y hemos reconocido que el mundo entero es una manifestación de ese ser —experimentado como presencia, pura conciencia, amor o luz—, eso obviamente cuestionará nuestra visión de la realidad física. He descrito el punto de vista convencional —que la realidad es puramente física— como propio de un alma inmadura, que es como un niño que cree que el mundo es tal como le han contado los adultos. Pero ahora voy a enfocarme en otra metáfora, una que destila con más pureza la posición del alma y su relación con la realidad, cuando la realidad se ve desde el punto de vista del mundo convencional.

2. Malvado personaje de ficción de la serie La Guerra de las Galaxias. (N. del t.)

La visión convencional es que solo está este mundo físico. En él, tienes a tu papá y a tu mamá, y a mucha gente distinta. Algunos de ellos podrían amarte y otros podrían odiarte, algunos se parecen a ti y otros no. Y, además de gente, este mundo físico está lleno de una variedad de cosas que son deseables porque producen experiencias placenteras, o que se han de evitar porque producen experiencias desagradables. Este es el escenario general en el que nos mete la sociedad, y si crees estas cosas, eso hará que te experimentes a ti mismo y tu relación con el mundo de cierta manera. Hará que tu alma aparezca de cierta manera, y esa manera se ilustra con la máxima claridad en la imagen de Jabba el Hutt. ¿Recuerdas a Jabba el Hutt, que apareció por primera vez en la tercera película de la serie de La Guerra de las Galaxias, *El retorno del Jedi?* Es un alien gigantesco, como una babosa, y además es un gánster y un mafioso con un apetito insaciable.

Creo que Jabba el Hutt es una gran metáfora o imagen para ilustrar una manifestación del alma que subyace a la experiencia habitual del individuo. Es una capa particular del yo-ego que es el resultado de ver el mundo como la fuente de todo lo que queremos y necesitamos. Te contaré la experiencia que me condujo hasta esta imagen y después elaboraremos sobre ello.

Esto ocurrió en torno a la misma época que la experiencia de mi diario que he descrito en el capítulo 5, cuando estaba experimentando la dimensión del Amor Divino y la luz y el amor ilimitados.

Despierto una mañana experimentando una especie de fusión negativa, algún tipo de contracción dolorosa en un lugar muy profundo de mi cuerpo. A medida que lo exploro, me doy cuenta de que la contracción es una expresión de mi creencia y mi enfoque en la realidad física, y particularmente de la creencia de que el cuerpo es yo. Esto crea una serie de fronteras, y ahora, al empezar a experimentar la ausencia de límites, estas aparecen en mi conciencia como una contracción dolorosa. También me doy cuenta de que el intento de estar libre de la contracción es lo mismo que la contracción: el deseo de estar libre de los límites es una expresión de que creo en su existencia, solo mantenida por la contracción. Y mientras trato con todo esto, me doy cuenta de la sensación de ser una concha vacía: ahora la contracción parece ser algún tipo de concha.

La concha vacía es la experiencia de la personalidad cuando se ve tal como es. Cuando empiezas a reconocer que tu personalidad está vacía de ser, vacía de presencia, vacía de esencia, te sientes como una concha. No hay nada dentro de ti: no hay sustancia ni plenitud. Y esto suele surgir cuando lidiamos con la cuestión de la identidad: "¿Quién soy yo? ¿Qué soy yo?". Esto ocurre una vez que empiezas a trabajar y a experimentar la esencia, el ser, el espíritu. Como hemos visto, en algún punto, cuando has tenido alguna experiencia de tu naturaleza esencial, te das cuenta de que es posible no solo *experimentar* la naturaleza esencial, sino ser la naturaleza esencial. En lugar de experimentar fuerza, tú eres fuerza. En lugar de experimentar la verdad, tú eres verdad. De modo que hay un cambio de identidad, y el sentido de lo que eres cambia. Ya no es que soy este individuo, o este yo, que está teniendo una experiencia de la presencia espiritual. No, yo *soy* esta presencia espiritual. Es un cambio fundamental en tu experiencia de lo que eres, y es a lo que nos referimos con "autorrealización". La autorrealización de la esencia o del ser viene cuando lo experimentas como tu identidad, como tu centro, como quien eres y lo que eres.

Así, a medida que nos aproximamos a esta autorrealización, empezamos a experimentar nuestro sentido habitual del yo como una especie de concha sin nada dentro. Empiezas a sentirte irreal, o falso, conforme reconoces que tu sentido habitual de identidad es falso. Habiendo experimentado tu naturaleza esencial, te das cuenta de que la naturaleza que te es familiar no es quien eres, sino solo una imitación. Es una construcción mental hecha de creencias e imágenes y sus patrones emocionales asociados, lo que da como resultado que seas algo que no eres. En cambio, la autorrealización significa simplemente ser tú mismo, lo que significa ser la presencia misma. Así, cuandoquiera que la experiencia de la personalidad, del yo, se manifiesta como una concha que está vacía por dentro, sabes que estás lidiando con la cuestión de la identidad: "¿Qué soy yo?". Y esto surge a muchos niveles. Cada vez que te realices como una nueva dimensión de ser, lidiarás con otro nivel de la concha de la personalidad.

De modo que, aquí, el nivel de la concha relacionado con el amor divino comienza a emerger para mí. A través de la contracción producida por la experiencia del amor divino, he tomado conciencia de la concha, pero de una forma curiosa que es diferente y nueva para mí. Generalmente, al principio la concha aparece como algún tipo de capa gruesa alrededor de ti. A veces es dura, como una cáscara de nuez, y a veces es gomosa o como de madera. Puede manifestarse de distintas formas, y su forma de aparecer generalmente refleja la dimensión que estás integrando. En el capítulo 5, hice referencia a unos límites de plástico, que son esta concha. Aquí siento que la sustancia de la concha es curiosamente distinta. La siento un poco esponjosa, pero reconozco que es distinta de la esponjosidad característica del amor. Es como una imitación de la esponjosidad del amor, pero sé que no es eso. Y acaba siendo una grasa esponjosa.

Puedo notar esta gran concha, como de un metro o poco más de ancha, que siento como una grasa ligera y esponjosa, de modo que tengo como cuatro o cinco veces mi tamaño. Y entonces surge la imagen de Jabba el Hutt, porque si recuerdas cómo es, mide como tres metros de altura y dos de ancho, y es todo grasa. Es como si fuera una enorme gota de grasa sentada allí, sin estructura corporal. Pero lo interesante de la figura de Jabba el Hutt no es su apariencia y textura, sino lo que revela sobre la manifestación del alma.

Ahora bien, no quiero indicar que la imagen de Jabba el Hutt sea universal y que todos los seres humanos la tengan precisamente de esta forma. Por ejemplo, a algunas mujeres les podría resultar más fácil relacionarse con una versión femenina, a la que llamaríamos Jabbette la Hutt, y podrían surgir otras variantes para otras personas. Pero encuentro que la figura de Jabba el Hutt es una representación particularmente poderosa de esta capa específica de nuestra estructura del ego, que existe en todos nosotros. Por lo tanto, es una imagen útil para explorarla en detalle a fin de entender esta manifestación del yo.

Así, en primer lugar, si existe toda esa grasa, ¿qué significa eso? La grasa significa tener algo extra, un exceso. Representa una acumulación de más de lo que realmente necesitas en el mundo físico, una acumulación física que excede de lo requerido. Y no tiene que ver solo con sentirse grande y gordo; empiezo a tener la experiencia de que también tiene que ver con ser avaro, sentir una intensa avaricia y lujuria. Si recuerdas el personaje de Jabba el Hutt en las películas de La Guerra de las Galaxias, tenía un intenso deseo de comida, de comodidad, placer, poder, control: todos los deseos mundanos habituales. Y creo que eso es lo que representa la metáfora de Jabba el Hutt: lo completamente mundano. Es alguien que cree absolutamente en el mundo físico y quiere conseguir todo lo que pueda de él. ¿Y qué ocurre cuando consigues todo lo que puedes en el mundo físico? Te haces grande, te haces gordo, y te conviertes en un loco del poder. Tratas de controlarlo todo y de ser tan poderoso como puedas, para poder tener todo lo que quieras. Eres lascivo y repugnante, y quieres todo tipo de placeres crudos, comodidades físicas y posesiones.

Contempla esto. ¿Puedes encontrar una parte de ti que funcione a lo largo de estas líneas? Porque esto es lo que subyace a nuestra experiencia de nosotros mismos. Por debajo del barniz de ser una persona civilizada, cada uno de nosotros es Jabba —o Jabette— el Hutt. Si crees que el mundo físico es como la mayoría de la gente cree que es, incluidos muchos científicos, estás obligado a ser Jabba el Hutt. No hay otra manera, pues es una consecuencia de cómo el alma se relaciona con el mundo cuando ha perdido el contacto con la esencia. ¿De qué otra manera podría ser? Si este es un mundo de objetos desconectados, y algunos de ellos son fuentes de cosas buenas y otros no, te vas a volver como Jabba. Porque aquí hay algo y ahí no lo hay, ¿cierto? Los bienes están localizados en un lugar particular, y tú vas a ir y te vas a asegurar de conseguirlos. Vas a intentar conseguir todo lo que puedas de lo que te hace sentirte bien, y vas a sentir la necesidad de tener poder y de controlar a fin de conseguirlo. Vas a acumular todos los bienes que te sea posible, ya sean posesiones, dinero, personas que te amen, o distintos tipos de actividades y placeres que te produzcan gratificación y satisfacción.

Este es el lugar del alma en el que hay una lujuria profunda que es muy física y muy bruta. Es similar a un animal muy primitivo, pero aquí se trata de un alma humana, y cuando un alma humana se vuelve animal, el instinto animal se exagera. En realidad, los animales no actúan como los humanos cuando decimos que se "comportan como animales"; por ejemplo, generalmente los animales comen lo que necesitan, y eso es todo, dejan el resto. No siguen acumulando más y más, mucho más de lo que necesitan. Pero cuando el alma humana se vuelve como un animal, sigue acumulando más y más de lo que quiere. Trata de acaparar tantos suministros como puede, independientemente de la necesidad. Y esto es lo que representa Jabba el Hutt siendo grande, gordo, avaricioso y lujurioso. De modo que cuando estamos pillados en la ilusión del mundo físico y tenemos la profunda convicción de que puede satisfacer nuestras necesidades, nuestra alma se vuelve como Jabba: una concha gorda que desea avariciosamente poder, dinero, seguridad, comida, comodidad, placer y los diversos bienes que la gente quiere del mundo físico. Ahora bien, ¿cómo llamas a las personas que solo creen en la realidad física? Materialistas. Materialistas empíricos. De modo que, de hecho, todos los materialistas empíricos son Jabba el Hutt en lo profundo de su identidad.

Es interesante que el alma se pueda manifestar de esta manera, como principalmente grasa, representando un exceso de acumulación física. Me refiero a que puedes sentirte *literalmente* como una bola de grasa. Y, como he dicho, la grasa representa la acumulación de todo tipo de cosas físicas, de modo que no se trata solo de que el cuerpo se hace más grade de lo que necesita ser. La gordura representa la acumulación de riquezas, posesiones y suministros, y la complacencia en todas las fuentes de gratificación. No obstante, es solo gratificación física. Ni siquiera emocional; simplemente física. Jabba el Hutt es alguien que se enfoca exclusivamente en lo físico y solo cree en un mundo cosificado. Esta dimensión de la concha del yo-ego es un resultado de relacionarse con el mundo puramente físico, y ciertamente no involucra la creencia en nada espiritual. Jabba el Hutt no cree en la práctica espiritual porque la experiencia espiritual no le ofrece gratificación física.

Hemos visto que esta posición del alma parte de ser un individuo cuya identidad se basa principalmente en el cuerpo físico. Crees que eres una entidad con un cuerpo separado, con sentimientos y emociones, y a veces incluso con experiencias espirituales. Está este mundo físico en el que vives, y Dios, si es que existe, vive en otro lugar. A la luz del amor divino, se revela que esta entidad individual es la capa externa de la experiencia de la mayoría de la gente, y justo debajo de esta capa está la experiencia de ser Jabba el Hutt. Esta entidad subyacente es una forma más estructurada del alma animal, lo que yo llamo *el alma no regenerada*. Cree que hay algo muy positivo en este mundo físico, porque hay cosas maravillosas que se encuentran en distintas partes de él: bienes y riquezas que extraer.

Ahora bien, si alguna vez te experimentas siendo Jabba, eso puede hacer que te sientas asqueado, y probablemente por eso no te dejas sentir así la mayor parte del tiempo. Pero Jabba está allí, incluso si no lo sientes. Y cuando lo experimentas, experimentas la fuente de todos tus excesos físicos y de la excesiva complacencia en las cosas relacionadas con el mundo físico. Por ejemplo, la necesidad de objetos físicos, como posesiones, pero también el deseo imperativo de contacto físico, de calidez física, de comodidad física. Todo ello se basa en la creencia de que el mundo físico, que está hecho de objetos y personas, es la única fuente de cosas buenas; no crees que Dios es la fuente de lo que necesitas.

No obstante, si en lugar de sentir repulsa hacia esta experiencia te relacionas con ella en el espíritu de la práctica y la ves como un fenómeno curioso e interesante —si estás dispuesto a verla con una mente abierta y sincera— empezarás a notar un vacío subyacente. Y por eso, independientemente de cuánta gratificación consigas, nunca te sentirás satisfecho. Este vacío es lo que realmente subyace a la experiencia de Jabba el Hutt, y por eso se sigue haciendo más grande. Puede haber acumulado toda esa grasa, pero, por supuesto, eso no ha hecho que el hambre desaparezca. Todavía hay un vacío que intenta alimentarse incesantemente de las fuentes del mundo físico, y siempre permanece insatisfecho. Y esta es la experiencia subyacente de la persona mundana. Es posible que solo obtengamos vislumbres de ello en nosotros, y que no reconozcamos la plena dimensión de este vacío, pero siempre está allí debajo de la superficie. Porque esta identificación con la realidad física y con el cuerpo físico es muy fuerte; nos desconecta de nuestro verdadero ser, de nuestra verdadera naturaleza, y eso hace que nos sintamos vacíos. Tratamos de librarnos de ese sentimiento cayendo en nuestros excesos, pero cuando experimentamos la manifestación de la concha, podemos empezar a permitirnos experimentar ese vacío tal como es.

Volvamos a mi propia experiencia.

Empiezo a sentir este vacío dentro. Siento la concha externa gorda y gruesa, pero también ligera e insustancial. Hay ciertas tensiones aquí y allí en el cuerpo. La experiencia sigue adelante y, al llegar la tarde, se convierte principalmente en un vacío, aparte de la sensación de tener un escudo sobre el pecho. A medida que me dejo ser Jabba el Hutt por un tiempo, el vacío domina y la concha se disuelve, dejando solo la sensación de un límite. Y entonces se produce una percepción curiosa que revela en qué consiste la concha. Siento que ese límite es continuo con la realidad física externa. Siento como si mi personalidad y el universo físico constituyeran una entidad; mi concha y la realidad física operan al mismo nivel y tienen el mismo significado. Reconozco que ser como Jabba el Hutt forma parte de experimentar el mundo desde el punto de vista convencional. Mi concha no está separada del mundo físico como lo veo generalmente; es una parte del mundo de los objetos, del mundo de la separación, del mundo de la dimensión física, del mundo de las partículas: el mundo cosificado.

Y entonces mi experiencia de esta realidad, de mí y del mundo, empieza a perder significado. Empiezo a experimentarme a mí mismo —especialmente mi cuerpo— y toda la realidad física como vacía e insustancial. Es extraño ver que los objetos físicos no tienen sustancia ni densidad. Son los mismos objetos que antes, pero su realidad física parece diferente. Han perdido realidad y sustancia. Se han vuelto vacíos y planos. Hay una sensación de que son planos, una falta de color o vitalidad, que hace que todo parezca menos real.

De modo que esto es lo que ocurre cuando experimentamos nuestra naturaleza esencial: reconocemos que quienes somos normalmente solo es una concha vacía, carente de plenitud, carente de sustancia, carente de significado. Como una simple burbuja. Antes de eso, antes de que nuestra personalidad sea cuestionada por la presencia esencial, se siente real, ¿cierto? La sientes como que tú estás ahí, y está la realidad de tu cuerpo, de tus sentimientos y tus emociones, y tú tienes sustancia. No es esencial, pero se siente real y significativa. Entonces, a medida que la presencia esencial se expande y empiezas a reconocer que tu personalidad guarda relación con imágenes e identificaciones, empiezas a sentir su insustancialidad: se convierte en una concha vacía, en una burbuja sin nada dentro. Esto es lo que ocurre cuando reconoces que algo solo es una construcción mental.

Y al experimentar la ausencia de límites del ser, tenemos este reconocimiento de que no es solo la personalidad la que pierde realidad, ahora la experiencia del universo físico también deja de sentirse real. Antes de eso, tu ego te da a ti y da al mundo físico cierto sentido de realidad. El sentido del yo que has construido es inseparable de tu experiencia familiar del mundo, y así todo parece real. Esta es la realidad de Jabba el Hutt. Sin embargo, cuando vas profundamente dentro y contrastas tu experiencia habitual de la realidad con la presencia esencial, ves que no hay nada en ella. Y tal como tu sensación de ser una personalidad pierde su color, brillo y vitalidad al reconocer que es una concha vacía, lo mismo ocurre con la experiencia de la realidad física cuando experimentas la realidad sin límites. Comienza a perder su significado, a perder su solidez, a dejar de estar viva y vibrante, y comienza a hacerse plana, bidimensional y vacía.

De modo que la relación central del individuo con el mundo es la del avaro Jabba deseando el mundo físico. De manera más fundamental, es la concha vacía de Jabba relacionándose con lo que yo llamo *la concha cósmica*. Vemos que el mundo del ego está tan vacío como el propio ego. Es un mundo vacío de Dios, vacío de ser, y cuando reconoces esto, la concha personal se expande hasta convertirse en la concha cósmica. Ves la totalidad del mundo físico y del universo como una concha vacía, sin nada dentro. Empiezas a reconocer que allí no hay nada para ti; lo que había sido la fuente de todo deja de estar allí. Y así es realmente como es, pero esta experiencia suele estar tapada en la experiencia del individuo que trata de llenar el vacío extrayendo cosas del mundo físico. Nunca funciona, nunca estás satisfecho, de modo que sigues queriendo más y más.

Esto es verdad incluso con relación al mundo natural. Cada vez que estás en contacto contigo mismo, tu percepción de la naturaleza cambia. Sin embargo, la mayoría de la gente, incluso los amantes de la naturaleza, todavía piensan que un árbol es un árbol y una roca es una roca. Después de todo, todavía son objetos separados. Ellos simplemente aprecian la belleza, la vitalidad y la interconexión que existe en la naturaleza. Sin embargo, esto viene del mismo punto de vista que el nivel más superficial, solo que con un poco de luz infiltrándose. Todo el espectáculo cósmico de objetos separados y de lo externo como medio de llenar el vacío interno no ha sido cuestionado. Cuando es cuestionado, reconoces que la totalidad del universo, no solo la naturaleza, es una concha vacía. Continuaremos explorando por qué se experimenta así. Lo único que estoy diciendo aquí es que, tal como experimentas que tu personalidad está vacía porque no tiene naturaleza esencial, resulta que el mundo de esa personalidad también está vacío, porque tampoco tiene naturaleza esencial.

De modo que continúo con la experiencia de mi diario.

Tomo conciencia de que estoy experimentando algún tipo de descontento porque no estoy siendo yo mismo. Antes había experimentado el amor divino y todo era amor. Y a continuación todo era Jabba el Hutt. Ahora está esta concha cósmica y todo está vacío. Sé quién soy, pero me siento impedido de ser mi verdadera naturaleza. Hay mucha frustración. Durante la noche, entre el sueño irregular y los despertares, me he experimentado a mí mismo como la individualidad ego. La concha vuelve de nuevo y el estado es como una especie de fusión negativa, un estado frustrado. A continuación, a medida que los límites empiezan a disolverse y se vuelven como polvo, polvo fino, reconozco que aquí el problema soy yo. Siento que me interpongo en mi propio camino. Siento que soy la contracción y la causa de la contracción, que es creer que soy un individuo separado.

Un par de días después, tomo conciencia de lo que llamo el diamante estupa rosa, que es amor rosa apareciendo en forma de diamante. Y eso significa que trae consigo una comprensión del amor en términos de límites. Es la plena comprensión de lo que hemos estado explorando: la realidad de que el amor no solo es mi esencia y mi naturaleza, sino la esencia y la naturaleza de todas las cosas, incluyendo los objetos inanimados. El amor es todas las cosas: todo es amor. Empiezo a ver dulzura y luz por doquier. Y empiezo a entender que los límites no tienen significado ni existencia en la dimensión del amor.

Ahora veo con más claridad la conexión entre esta verdadera perspectiva y el estado de Jabba el Hutt y el universo irreal. Tal como la personalidad se siente a sí misma real, plena y existente, también ve al universo físico como pleno, real y existente. El sentido de significado de la personalidad guarda continuidad con el significado y la absoluta realidad del universo físico. Cuando el alma se considera a sí misma un individuo separado, proyecta sobre el mundo todas sus relaciones de objeto del pasado, y esa proyección es lo que le hace sentir como si el mundo tuviera cierta realidad. Cree en la proyección, tal como cree en la imagen de sí misma. Ver el estado de Jabba el Hutt significa que ahora hay una percepción de la verdad de la personalidad: a saber, que es una concha vacía, hecha de grasa, que está llena de avaricia, lujuria y deseo de placeres físicos, comodidad, seguridad, y poder, y está motivada por las respuestas al sentimiento de vacío y deficiencia, que es la falta de naturaleza esencial.

Como este estado de vaciedad es continuo con el del universo físico, ahora ambos se experimentan como vacíos, planos y carentes de significado o valor. Esta toma de conciencia viene cuando el falso llenado del vacío ya no está presente, lo cual revela el agujero que hemos estado tapando. El agujero de la personalidad forma parte de lo que llamo el agujero cósmico, el agujero en la existencia cósmica. Es la percepción del universo como profundamente carente, una vez que se han detenido las proyecciones de la personalidad sobre él. Cuando esas proyecciones se disuelven, todo aparece vacío. El mundo y el cosmos entero parecen vacíos. Este es el agujero cósmico, y como aquí estamos lidiando con una dimensión ilimitada, este agujero es ilimitado. Estamos viendo que el agujero de la personalidad es continuo con el agujero del universo. Y cuando experimentamos y aceptamos este agujero cósmico, puede empezar a llenarse con aquello de lo que hemos estado desconectados. La teoría de los agujeros que usamos en esta enseñanza describe el proceso de llenar la carencia en nuestra alma a través de la sustitución, la actividad o la negación. Cuando se reconoce y se detiene el proceso de llenar con algo distinto de lo que realmente falta, la carencia o el vacío se hacen aparentes. Esto es lo que llamamos un agujero en nuestra conciencia: un lugar donde alguna cualidad de nuestra naturaleza no se siente o experimenta. Como la carencia es dolorosa o inquietante, la tapamos y buscamos un sustituto o imitación externa para compensar lo que falta. Dejar de buscar permite que se vuelva a sentir la ausencia, y ese vacío, una vez que se reconoce plenamente, se convierte en el espacio dentro del cual puede surgir la cualidad perdida de nuestra esencia. Mientras neguemos la deficiencia o tratemos de llenar el agujero, esto no podrá ocurrir.

De modo que aquí, con este agujero, la imitación es la experiencia habitual de la personalidad con relación al universo habitual. Cuando empezamos a cuestionar esto, empezamos a experimentar que somos Jabba el Hutt relacionándose con el universo físico, que parece prometer la gratificación de los instintos de nuestra naturaleza física y animal. A medida que seguimos con nuestro Jabba interno, experimentamos un vacío que lo impregna todo, como el vacío cósmico, el agujero cósmico, que es el agujero del amor divino. Si no lo rechazamos, sino que lo dejamos ser, entonces la cualidad que hemos perdido empieza a surgir y a llenar todo este vacío. La cualidad emergente del amor nos mostrará que es la verdadera naturaleza de todas las cosas, incluyendo la naturaleza del alma. Ver esto permite vivir la experiencia de tu verdadera identidad como este amor del que todo está hecho. Todo aparece como una cosa, y tú eres parte de ello. El alma individual es inseparable del fondo de la verdadera naturaleza, revelada como amor divino. Entonces experimentaremos la verdadera esponjosidad, no la falsa. La gorda concha de Jabba es falsa esponjosidad; es la esponjosidad del nivel físico. Pero la verdadera esponjosidad es amor divino, que es suave, dulce, real y auténtico, y es luz. Es luz sin estar vacío. Cuando eres Jabba el Hutt con esa concha gorda, es posible que te sientas ligero, pero eso es porque estás vacío; en realidad no eres nada.

De modo que volvemos a la experiencia que hemos explorado en capítulos anteriores, la experiencia de que el amor divino es la naturaleza de todo el universo, su sustrato molecular. Pero ahora llega a nosotros al percibir el universo de una manera más precisa. Cuando exploramos nuestra personalidad y vemos que es una concha, podemos ver nuestra naturaleza con más precisión. Asimismo, cuando penetramos nuestra noción habitual del universo y vemos la concha que es, empezamos a ver la naturaleza del universo con más precisión. Empezamos a verlo como una totalidad indivisa, sin límites que separen una cosa de otra. Es un mundo no dual. Y, en esta dimensión ilimitada del Amor Divino, la naturaleza del universo es delicadeza, dulzura y suavidad. Volvemos otra vez al océano divino, pero ahora no es "yo estoy experimentándolo", sino simplemente "ello está experimentando". Ahora solo hay uno. No hay un "yo" separado; hay indivisibilidad. No es que el mundo físico desaparezca. Las cosas todavía parecen existir e interactuar, y el mismo patrón continúa surgiendo, pero ahora aparecen como teofanía, como manifestaciones de esta divinidad, que es luz y amor ilimitados.

Cuando experimentamos el universo de esta manera, no tiene sentido asumir la posición de Jabba el Hutt. No hay bienes que acumular. Todo es riqueza, por todas partes. La abundancia está por doquier y yo soy parte de ella, como una conciencia individual; yo soy una de las manifestaciones de esta abundancia. Entonces, ¿qué sentido tiene el exceso? Todas las cosas son infinitas en todos los lugares del universo. Si reconoces que la bondad y la riqueza son infinitas, que están por todas partes y no están localizadas en ningún lugar particular, ¿qué sentido tiene necesitar poder, o control, o poseer y acumular algo?

Por eso, la experimentación del amor divino pondrá presión sobre nuestra personalidad y expondrá a Jabba el Hutt, la parte de nosotros que cree que el mundo físico está desconectado y en compartimentos separados, algunos de los cuales contienen bienes que tenemos que encontrar y acumular en la medida de lo posible. Desde la perspectiva del amor divino, la totalidad es un bien. La totalidad de las cosas es maravillosa, y dulce y amorosa. No necesito conseguir amor de ninguna parte; todo es amor. No necesito llenarme de nada, ya estoy lleno. El universo entero está lleno. Pero está lleno de aprecio, de conciencia, no de objetos que necesites acumular. Y, en verdad, ¿qué sentido tiene acumular objetos si todo es una cosa?

Esto aporta un correctivo a nuestra visión del mundo. No perdemos el sentido de ser quienes somos, seguimos siendo seres humanos. Pero, como seres humanos, somos expresiones de este amor. Empezamos a vernos a nosotros mismos y a ver al universo bajo una luz más objetiva, como lo que realmente está allí. Todavía habrá sillas, árboles y coches, pero no son sino manifestaciones del amor divino. Un coche es una teofanía. Y también lo es el mar. Y también tu cuerpo. Todo ello expresa la divinidad de la existencia. Divinidad significa que es puro, que es armonioso, y que es sagrado en el sentido de no contaminado. No está contaminado porque es como es, en su puro estado original, sin estar distorsionado por ideas o creencias erradas.

Así, como puedes ver, la experiencia de lo ilimitado de nuestro ser empieza a disolver nuestros problemas, nuestras necesidades y temores, de manera muy fundamental. No resuelves el problema del amor trabajándote el hecho de que tu madre no te quiso, hasta que por fin encuentres a alguien que te quiera. Esa manera de trabajar una solución sigue estando dentro del engaño. Está bien para la terapia, pero no para un camino espiritual. La verdadera solución es reconocer que no necesitas que nadie te ame. Todo es amor y tú eres amor. Si hay alguien que te ama y tú también le amas, eso forma parte de la manifestación del amor ilimitado. Estás expresándolo y viviéndolo. No estás "consiguiéndolo".

SESIÓN DE PRÁCTICA
JABBA EL HUTT

Este es un buen momento para explorar tu propia experiencia de ser Jabba el Hutt. Si tienes un compañero o compañeros con los que explorar, cada uno tomaréis quince minutos para hacer un monólogo. Si quieres, una vez que acabe el monólogo, podéis comentar lo que habéis descubierto durante quince minutos. Si estás solo, puedes escribir la respuesta durante quince minutos.

Explora tu sensación de ser un individuo relacionándote con el mundo físico convencional. Busca señales de la avaricia subyacente y del deseo de satisfacción física: de placer, seguridad, poder y cualquier otra clase de gratificación. Estas señales están por doquier, pero es posible que sean sutiles, porque somos muy buenos a la hora de creernos nuestros engaños. ¿De dónde vienen estos deseos y tendencias autocentrados? Busca su fuente y tal vez empieces a verlos como expresiones de una identificación subyacente con Jabba el Hutt.

... ...

PREGUNTAS Y COMENTARIOS

Alumno: Después de hablar en mi triada, he tratado de estar todo el tiempo con la sensación de visualizar a Jabba el Hutt y cómo lo siento en mí. Y lo que estaba sintiendo con relación a esa imagen es que esa capa suave, gorda y densa me proporciona aislamiento. Y luego la imagen continuó mostrándome que, si tratas de matar a un animal que tenga tanta grasa, vas a tener que emplearte a fondo. Hará falta mucho para matarlo. No podrás llegar a los órganos vitales sin un esfuerzo concentrado, de modo que la grasa ofrece protección. Para mí, esta parecía ser la cualidad más fuerte de esa imagen. Ahora me doy cuenta de que peso quince kilos menos que antes, y ya no tengo esa sensación de poder y fuerza que antes tenía. Porque con ese exceso de peso también era muy duro y denso físicamente. Me sentía más fuerte dentro de esa capa. Y también me sentía más independiente y mejor protegido que ahora.

A. H. Almaas: Tener una capa de grasa como protección es un problema particular, que no es exactamente el problema de Jabba el Hutt. El problema de Jabba el Hutt es que eres una entidad gorda. Si recuerdas la película, Jabba el Hutt no era tan difícil de matar. El hecho de ser tan grasiento lo facilitaba, porque no se movía mucho. Esto nos indica un buen punto. Cuando lidiamos con Jabba el Hutt y la gran concha grasienta, no estamos hablando de tener un exceso de peso físico. Esa no es la clave. Podrías ser una persona muy delgada, y cuando experimentas a Jabba el Hutt, te experimentas a ti mismo como grande y gordo. De modo que no tiene nada que ver con el peso físico. Podrías tener peso extra debido a una identificación con Jabba el Hutt, pero no necesariamente. Hay otras razones por las que la gente gana peso. De modo que tienes que disociar tu problema con el peso corporal del problema de Jabba el Hutt. Jabba representa excesos en todas las cosas, en todo lo que es físico.

Alumno: La otra cosa en la que he entrado es en el hecho de que, en áreas donde tiendo a ser excesivo, es un proceso muy gratificante. No veo por qué tendría que renunciar a ello.

AH: Se siente así, como un proceso de premiarse a uno mismo. Hasta que empieces a conocerte más a ti mismo y a la realidad, y reconozcas que en verdad no lo es. El proceso de premiarse a uno mismo con excesos es anestesiarse. No es verdadera satisfacción.

Alumna: He tomado conciencia de dos preguntas que quería plantearte. Una es sobre algún tipo de división entre lo burdo y lo refinado, entre materia y esencia. El ejercicio parecía suscitar alguna pregunta sobre eso. Y la otra es que, cuando estaba recordando la película, el Jabba que recordaba, no solo era gordo y hambriento, también había negatividad y hostilidad. No era solo como un bebé grande y gordo colgado de la teta, que solo quería chupar, también había cierta negatividad en él.

AH: Era lujurioso de una manera agresiva, de manera egoísta. Muy centrado en sí mismo, muy buscándose a sí mismo, completamente. Eso es verdad. Es bueno traerlo a la luz. No es necesariamente que odie a la gente, sino que el odio y la ira son parte de la lujuria, de la avaricia y del poder. Todo ello es una constelación. Como es lujurioso, no le importa matar a la gente.

Alumna: Para mí, esta experiencia de Jabba el Hutt fue muy, muy oral, como una enorme boca con un enorme esófago y estómago que nunca podrían llenarse. Y cuando me permito querer absorberlo todo —el mundo, ropa, joyas, comida, todas las cosas—, cuanto más siento eso, más frustración me produce, y de ahí venía la furia. Es como alimentar este ciclo continuo de querer más, y después viene la frustración, porque no se consigue satisfacción, y entonces se quiere más. Es este agujero sin fondo, este pozo sin fondo, y todo este chupar que nunca consigue satisfacer.

AH: Esto guarda relación con el componente oral de la concha, que es una estructura particularmente profunda del yo-ego. Jabba el Hutt incluye más que eso. Jabba tiene una cualidad oral, pero no es solo eso. Cuando entras en contacto con la cualidad oral de simplemente querer llenarte con cualquier cosa, aunque eso es un elemento de Jabba el Hutt, es una necesidad más temprana y primitiva. Jabba produce la sensación de ser más un adulto, está más estructurado que la simple necesidad oral. Asimismo, la necesidad oral no diferencia entre lo físico y lo no físico. Simplemente lo quiere todo, incluyendo las experiencias emocionales y espirituales, mientras que Jabba se enfoca puramente en las cosas físicas. No es solo que las demás cosas no le importen, cree que ni siquiera existen. De modo que estamos lidiando con cierta capa de la personalidad que es Jabba el Hutt. Puedo entender que algunos de nosotros entraremos en contacto con otras capas, lo cual está bien. Pero aquí estoy trabajando con la capa particular del yo-ego que emerge con la realización del ilimitado amor divino.

Alumno: He tenido experiencias en las que me siento realmente absorbido y estoy en la presencia, y hay como una parte que lo mira y dice: "Pero ¿para qué sirve esto?". Y ahora me pregunto si Jabba es esa parte.

AH: Sí. Podría ser. Eso es cierto. De modo que así es como se siente esa parte. Es como que dice: "¿Para qué sirve esto?".

Alumno: Es una experiencia muy particular ver que está ocurriendo eso.

AH: Está bien. De modo que esa es una de las expresiones de Jabba el Hutt. Porque solo cree en el mundo físico y en lo que viene del mundo físico. En realidad, Jabba es una manifestación del alma con la que muchas tradiciones espirituales tratan de lidiar a través de la renuncia, el ascetismo, el celibato y todo ese tipo de disciplinas en un intento de no identificarse y de no seguir esa tendencia. Sin embargo, si realmente entiendes la situación de la que estamos hablando, esas cosas no siempre funcionan con Jabba el Hutt. Lo único que significan es que no estás expresando los impulsos. No significa que los entiendas. La renuncia y no tener posesiones, no tener nada y tratar de ser pobre y no satisfacerte, solo funcionará si tomas conciencia de Jabba el Hutt y reconoces de dónde vienen esos deseos. Si pasas a través del entendimiento y la identificación. Pero si solo lo haces como una disciplina moral y ética, no funcionará. Lo único que ocurrirá es que serás un Jabba el Hutt hambriento. Pero la renuncia o el celibato pueden funcionar si el no actuar se combina con el entendimiento de la fuente de los propios deseos, porque entonces tomaremos más conciencia de esta identificación interna.

Alumno: A nivel emocional, en la indagación y ahora mismo, sentado aquí, siento una especie de tristeza. Es como si entrara en contacto con un tipo de desesperanza. Y, al mismo tiempo, estoy viendo que en realidad esto no tiene salida. Lo único que se puede hacer es entenderlo.

AH: Correcto. Eso es lo que estamos haciendo: estamos entendiendo la situación, de modo que exponemos la falsedad que creíamos que era verdad. No tratamos de cambiarla; solo descubrirla y entenderla.

Alumna: Me siento un poco preocupada por lo ocurrido porque he entrado en mi lujuria, y en mi avaricia y en mis deseos, he entrado mucho en ellos. Y entonces me he experimentado como una pantera negra, y me sentía muy poderosa, lujuriosa y avariciosa: voy a conseguir todo lo que quiera. Me he sentido genial. Y era muy elegante y hermosa; no se parecía en nada a Jabba el Hutt. De modo que he pensado: "¡esto es genial!", y me he sentido muy identificada con ello, poderosamente identificada. No he sentido que yo fuera esa cosa desagradable y grasienta. Me he dado cuenta de que he sacado las uñas y estoy totalmente identificada con ello. En otras palabras, no lo he sentido como algo extraño en absoluto.

AH: Eso suena bien. La lujuria, la avaricia y todas estas cosas tienen distintas capas. Has ido directamente a la raíz más animal de ello. Lo que te lleva, a continuación, a la sensación de la pantera negra, al reconocimiento de la sensación del poder real, con el cual, por supuesto, te identificas: es algo bueno. Nuestra alma se puede experimentar a sí misma como una pantera negra, como ocurre en algunas enseñanzas chamánicas. Esto no es parte de la identidad ego, sino parte del potencial del alma. No obstante, Jabba el Hutt es otra capa del alma distinta. Es la capa que está enfocada en la idea de que es el cuerpo físico, que el mundo está lleno de objetos físicos, y que existen muchas cosas que pueden satisfacerte. Se trata de una capa diferenciada que viene a ser cuando el alma está convencida de que la dimensión física de las cosas es la verdadera realidad. Es diferente de la capa del animal: primitiva, lujuriosa y deseosa. Cuando lo experimentamos de esta forma que estamos comentando, Jabba no da una sensación animal y primitiva. Se parece más a un adulto humano. Y todo ello tiene una cualidad grasienta. Produce la sensación de un ser humano negativo, grasiento, gordo y egoísta, y no es tan puro como la sensación que nos produce el animal.

Alumna: Eso era lo que me producía confusión, porque sentía que la sensación del animal no era negativa.

AH: No, no se siente como algo negativo. Jabba el Hutt es distinto.

Alumna: Este sentimiento animal, ¿tiene más esencia en él? ¿O es solo otro engaño más?

AH: No, esto no es un engaño, a menos que creas que eso es lo único que hay en ti. Pero es otra historia que la que estamos describiendo aquí. A partir de lo que han dicho distintas personas, vemos que hay diversos niveles de la concha que quieren cosas distintas y tienen deseos distintos. Y hoy estamos lidiando con una capa particular que guarda relación con lo físico.

Alumna: Mi pregunta es: entonces, ¿existen distintas capas? Todavía no tengo clara la diferenciación. Es decir, yo he entrado en lo oral, y ella está hablando del animal. Y Jabba es más humano, más adulto, tiene otras características.

AH: Lo oral, o el animal, quieren consumir cosas. Jabba el Hutt no solo quiere consumir cosas. Quiere tener un gran suministro. El animal solo quiere comer cuando tiene hambre, y eso es todo. Jabba el Hutt no quiere limitarse a comer cuando tiene hambre; quiere tener más que suficiente comida allí, muchas esclavas, muchos sirvientes, muchas posesiones, y muchos cañones a su alrededor para dominar. Lo cual es diferente de una tendencia oral.

Alumna: De modo que hay una creencia de que esa parte puede acumular.

AH: Oh, sí. En el caso de Jabba el Hutt, la acumulación es una parte importante. Eso es lo que significa la grasa. Es acumulación.

Alumna: Cuando hablas de acumulación, también hablas de poder, y ahí es algo menos físico. E incluso estaba pensando en ser visto, en acumular el ser visto. Acumular este tipo de imágenes que no son tan físicas.

AH: A Jabba el Hutt no le interesa ser visto. Le interesa ser servido. Que tú hagas lo que él quiere que hagas. Que le veas o no es irrelevante. Le obedeces y haces las cosas exactamente como él quiere que las hagas. Por eso, la película tiene bailarinas y gladiadores luchando con los monstruos para entretenerle. Eso es lo que le interesa. No le interesa la reflexión. Podría ser útil ver esa parte de la película de *La Guerra de las Galaxias*. Puede ayudar a entender esta parte de la enseñanza.

Alumna: De modo que el poder es un poder de hacer cosas, no de poseer...

AH: Sí, es un tipo de poder físico. Un tipo de poder mundano. Lo que estoy diciendo es: cada uno de nosotros tenemos este nivel en nuestra alma. Esto es lo que tenemos que ver. Porque, en el caso de muchos de nosotros, las áreas a las que vamos son un poco más puras. No queremos ser tan burdos, tan grasientos, como Jabba el Hutt. Bien, puedo ser un animal primitivo, o un bebé que solo quiere comer. Todo eso es verdad, pero es un poco más puro que Jabba el Hutt. Con Jabba, la pureza se va al garete. En este caso, el concepto de pureza ni siquiera existe. No parece que Jabba esté necesitado.

Alumno: Yo estaba sintiendo la lujuria y la avaricia, y después he sentido esta cosa gorda, como... ¿Has visto alguna vez fotografías de personas a las que les están haciendo la liposucción?

AH: Sí, esa es una buena imagen.

Alumno: He sentido como ese material que absorben fuera de tu cuerpo. Y la reacción de la gente es la misma que estaba teniendo yo: repugnancia. Lo que estoy sintiendo ahora es lo que sentí entonces, y es: puedo tolerar experimentar esa identidad y esa presencia, pero no siento lujuria. Siento tanta repugnancia que la idea de consumir cualquier cosa me resulta repulsiva, y eso es el máximo que puedo tolerar.

AH: No tienes que consumir nada en el momento presente. Simplemente, puedes tener más.

Alumno: Pero me refiero a que la sensación de avaricia o deseo no está ahí.

AH: Esa sensación podría surgir. Simplemente, estate con ello. Simplemente, quédate con esa sensación. Siente la cualidad de la grasa. Si realmente entraras en Jabba el Hutt y sintieras la grasa, podrías llegar a ser muy específico con respecto a cómo es la grasa. Es grasa de pollo.

Alumna: Me gustaría exponer mi caso personal, puesto que nadie más lo ha hecho. Y tal vez nadie más haya tenido esta experiencia, pero he sido totalmente incapaz de entrar en contacto con mi Jabba interno. Básicamente, la respuesta que parecía obtener era: yo no soy Jabba el Hutt. Y una fuerte determinación, que relaciono con una identificación con la escasez; una negación de todas esas necesidades.

AH: Estoy seguro de que mucha gente se siente de esa manera: "Por supuesto que yo no soy así. Soy mucho más refinado que eso. ¿Cómo voy a ser así?".

Alumna: Correcto. No he sido capaz de ir más profundo que eso.

AH: Podrías empezar por ahí. Cómo expresar a Jabba el Hutt. Esa es una manera de examinarlo.

Alumna: Lo más interesante es que he visto que, para entender mis necesidades, Jabba el Hutt ha tenido que sacarlas a la luz. Y cuanto más las expongo, más interesantes son. Y cuanto más interesantes son, más puedo acceder al resultado neto. De modo que estoy ocupada en ser cada vez mejor a la hora de satisfacer la necesidad, y cada vez es menos posible considerarla irreal. He pensado que esta es una dicotomía interesante.

AH: Sí. La solución es encontrar la verdad. ¿Cuál es la verdad de tu experiencia? Cuando dices que estás satisfaciendo tus necesidades, ¿qué significa eso? ¿Significa que no hay descontento? No hay insatisfacción. Y si la hay, ¿de dónde viene? La gente en el mundo, muchos de ellos, sienten que están satisfaciendo algunas de sus necesidades. De modo que es común que alguien sienta: "Bien, sí, estoy consiguiendo esto, estoy consiguiendo aquello. Tengo éxito". Todo eso puede ocurrir. De modo que tienes que mirar muy profundo dentro de ti. Y ver si eso está completo. Esa es la atracción del materialismo. El materialismo te hace sentir que vas a conseguir satisfacción. Y en cierta medida la sientes, es como que estás consiguiendo algo. Y si no estás en contacto con tu presencia esencial, será difícil ver que la satisfacción que estás obteniendo no es real, no está completa, no es definitiva. Cuando se activa la sed espiritual, generalmente revela el vacío de este tipo de satisfacción del que estás hablando.

Alumna: Una de las cosas que recuerdo de Jabba el Hutt y su lujuria es que parece estar alejado de cualquier sensación de vulnerabilidad, y de cualquier sensación de sufrimiento. Todo es sabroso, sabroso, sabroso. ¿Hay alguna sensación allí de que se esté alejando del sufrimiento? ¿Va por ahí la cosa?

AH: No, no es una cuestión de alejar el sufrimiento. Es más como que desde la perspectiva de Jabba el Hutt, si hay algún sufrimiento, él va a hacer algo al respecto. Si alguien se lo hace pasar mal, él lo matará. Si él quiere algo y otro no quiere dárselo, él lo cogerá y matará a esa persona. Eso es lo que él hace con el sufrimiento. No trata con él dentro de sí. De modo que es verdad, no hay una sensación de vulnerabilidad. Está presente esta sensación de grandeza y poder. Puedo hacerlo, yo me encargo.

Alumna: En cierto sentido, para mí, sigo pensando que lo siento como la bestia, es la bestia pasándoselo bien. Hay algo de bestia en él, en el sentido de la total aniquilación de todo lo demás, excepto de lo que me interesa.

AH: Una identificación con la satisfacción física. Ver la satisfacción física como la única satisfacción posible para el ser humano. Así, la persona, en cuanto es consciente de un poco de insatisfacción, simplemente hace otra cosa. Consigue más. De esta manera, no ves que la insatisfacción podría tener otros orígenes. Y esa avaricia, ese intento de satisfacerse a uno mismo, parte de lo que hace es anestesiarte e impedirte ver que el mundo físico no es todo lo que hay. Favorece la cosificación del mundo. Si empiezas a sentir la insatisfacción que acompaña al hecho de que el mundo físico no te lo da todo, si ves esa insatisfacción, eso empezará a cuestionar tu visión del mundo.

SIETE
El mundo real

Puedes experimentar la realidad, la existencia, de muchas maneras. Y estamos viendo que una de las principales maneras de experimentarla es como puro amor, pura presencia no adulterada, que es amor y luz al mismo tiempo. El amor divino es conciencia, luz y amor formando un medio infinito. Podemos experimentar la totalidad de la realidad como ese amor y ver que ese amor es la naturaleza misma de la realidad. Cuando vemos esto, reconocemos que ciertas nociones como la del "mal absoluto" no tienen sentido. No existe tal cosa, porque la naturaleza de *todas las cosas* es ese amor. De modo que incluso si hay mal, en último término su naturaleza tiene que ser amor. Sí, a veces puede expresarse de una manera distorsionada, pero los ladrillos de la realidad siempre son amor. Al igual que los ladrillos del cuerpo son el protoplasma; tanto si tus órganos están sanos o enfermos, todos están hechos del mismo protoplasma.

Esta perspectiva muestra que las personas que han intentado explicar el mundo de una manera dualista no han visto la realidad tal como es. O, al menos, no han visto esta manera particularmente importante en que la realidad puede ser experimentada. Por ejemplo, sabemos que muchas enseñanzas y filosofías piensan que el mundo y lo divino son dos cosas separadas. Hay muchos que preguntan: "¿Cómo es posible que Dios crea el mundo tal como lo conocemos? ¿Por qué algún dios sentiría la necesidad de crear un mundo físico, lleno de cosas como rocas y animales, con todas las luchas, las muertes, el sufrimiento y el dolor que lo acompañan?". Por eso los gnósticos, por ejemplo, creen que el mundo físico es la creación de un dios menor, el demiurgo, que vino a la existencia a través de una corrupción del espíritu divino. El verdadero Dios, tal como lo ven, es absolutamente transcendente, está más allá de la encarnación, de modo que fue este dios menor el que creó nuestro problemático mundo con un espíritu de rebelión vengativa. Esta es una manera de explicar el mundo, tal como algunas filosofías hindúes dicen que el mundo es una ilusión.

Pero cuando entendemos las dimensiones ilimitadas, el mundo ilimitado del ser, reconocemos que en realidad el mundo en que vivimos es una expresión de la pureza del ser. Empezamos a ver que el mundo físico —e incluso el mundo de esfuerzo, dolor y sufrimiento— no es un mundo separado del ser divino, porque no está separado del amor o de la conciencia. El mundo físico *es* el ser divino, pero visto desde una perspectiva limitada. Lo mismo ocurre con el ser humano, con el alma humana. Puedes experimentarte desde una perspectiva limitada o desde una perspectiva abierta. Si te miras a ti mismo desde una perspectiva abierta, eres luz, un cuerpo de luz. Tú eres presencia, tú eres plenitud, tú eres conciencia, tú eres el ser. Si te miras a ti mismo desde una perspectiva limitada, la perspectiva de tus imágenes e identificaciones, te conviertes en el cuerpo físico engorroso que tiene una personalidad problemática.

De modo que, tal como hay un yo real y un yo falso, hay un mundo real y un mundo falso. Tal como la personalidad habitual es el yo falso, el mundo habitual es el mundo falso. Y el mundo real no está en otra parte, tal como el yo real no está en otra parte. Simplemente, es una cuestión de corregir nuestra perspectiva. Cuando miramos las cosas sin obscuración, empezamos a ver el mundo tal como es.

Y creo que es maravilloso que, cuando empezamos a ver el mundo tal como es, podemos verlo en una de sus principales manifestaciones potenciales: como puro amor. Puro deleite, pura amabilidad, pura suavidad. Es bueno dedicar algún tiempo a aproximarnos al mundo y a experimentarlo desde esta perspectiva. También podemos ver el mundo como conciencia y vacío, que son maneras más sobrias de experimentarlo, menos centradas en el corazón. Pero aquí estamos experimentando la realidad como amor, deleite, suavidad y libertad. Podemos ver y apreciar el mundo como un lugar de regocijo, de cantar y bailar, de jugar y divertirse, porque esta también es una de las maneras inherentes de experimentar la realidad. Por eso, en la tradición india tienen a Brahman, el informe, el inmutable, la misteriosa deidad última que subyace a la realidad, pero también tienen a Krishna, una deidad parecida a un niño que va por ahí haciendo travesuras y seduciendo a los humanos con la música y la danza extática. Krishna es una manifestación de Brahman, que expresa su cualidad juguetona y amorosa. Asimismo, en el shivaísmo de Cachemira están Shiva y Shakti, y el mundo es una creación de Shiva, expresada a través de Shakti.

De modo que, cuando la gente dice que el mundo es una ilusión, queremos entender lo que eso significa. ¿Es el mundo realmente una ilusión? ¿O es que nosotros nos aferramos a una ilusión que nos hace ver el mundo de manera falsa? La gente que mantiene que el mundo es una ilusión cree que no existe nada aparte de la verdad última, y el mundo que ves solo son tus creencias, tus ideas: es decir, construcciones mentales. Muchos pensadores modernos piensan que si disuelves los constructos de la mente, no quedará nada. Pero lo que vemos es que, si disuelves los constructos de la mente, lo que queda es la verdadera estructura del mundo. Reconocemos que estos constructos mentales simplemente recubren la apariencia del universo. Como resultado de ese recubrimiento, empezamos a ver el universo de un modo que ya no es directo y objetivo. Lo mismo ocurre con nuestra alma; cuando la recubrimos con una imagen de nosotros mismos, empezamos a verla de un modo que no es verdadero, de un modo distorsionado.

A medida que exploramos nuestra experiencia personal y miramos cómo nuestras almas se convirtieron en un ego, en nuestra personalidad, aprendemos que esto ocurre gradualmente, empezando en nuestras experiencias tempranas. Empieza con las impresiones que recibimos de nuestras primeras relaciones con los padres y otros, a partir de las cuales formamos diversas imágenes e impresiones de nosotros mismos. Gradualmente, estas configuran las relaciones de objeto, y después producen una estructura general. En algún momento, llegamos a tener una imagen general de quiénes somos y de qué somos, que sigue siendo principalmente inconsciente, pero estructura el alma de tal modo que aparece como lo que llamamos nuestra personalidad. De modo que nos convertimos en este individuo separado con un pasado, porque este individuo separado está formado por las imágenes del pasado.

Pero, como hemos visto, también sabemos por la psicología evolutiva que, en el desarrollo del ego, no solo desarrollamos una imagen de nosotros mismos a través de nuestras relaciones de objeto; también desarrollamos una imagen del otro: inicialmente del cuidador principal, por ejemplo, la madre, y también del padre. Desarrollamos estas imágenes del otro —del objeto en las relaciones de objeto— y a medida que crecemos, estas imágenes acaban incluyendo una imagen del mundo entero. Desarrollamos una representación de nosotros mismos a partir de nuestras primeras experiencias y, junto con ella, también una representación del mundo.

De modo que, a partir de nuestras primeras experiencias —de nuestro entorno y de la adecuación o inadecuación de él, y de las interacciones con las personas que nos rodean— desarrollamos ciertos recuerdos que confluyen. Esto crea una estructura en el ego a la que solemos referirnos como el *mundo representacional*. Este término refleja que en nuestra mente tenemos una imagen de nosotros mismos, pero también tenemos una imagen del mundo, de la realidad que está "ahí fuera".

Cada uno de nosotros tiene una imagen así, cada una de ellas ligeramente distinta, pero hay algunos elementos básicos que son comunes a la imagen del mundo que todos tenemos. Por ejemplo, la imagen básica de ser un individuo separado es común a todos nosotros.

Por lo tanto, el alma desarrolla una imagen de sí misma y una imagen del mundo. Cuando se mira a sí misma a través de su propia imagen, se convierte en una personalidad. Cuando mira al mundo a través de la imagen del mundo, este se convierte en el mundo convencional. En otras palabras, el mundo que la mayor parte de la gente experimenta es un mundo representacional; está cosificado, lo que significa que es un mundo que ha quedado fijado dentro de ciertos conceptos, dentro de ciertas imágenes, o más bien dentro de cierta constelación de imágenes. Este mundo convencional es una constelación de imágenes, impresiones, ideas, conceptos y creencias que constituyen la totalidad de nuestra visión del mundo.

De modo que no solo desarrollas imágenes de ti mismo y de tu madre, sino de todo el entorno en el que estáis tu madre y tú. A medida que crecemos y nos hacemos adultos, cada uno de nosotros desarrolla una sensación distinta del mundo de acuerdo con nuestra propia experiencia. Por ejemplo, algunos hemos sentido, y seguimos sintiendo, que el mundo es más digno de confianza de lo que otros sienten que es. Algunos vemos el mundo como vacío o impersonal. Algunos vemos el mundo como un lugar duro y violento. Algunos pensamos que el mundo es positivo y generoso. La visión de cada cual es distinta. Pero, en cualquier caso, hay un rasgo implícito que subyace a los diferentes contenidos de nuestras autoimágenes. Parte de tu autoimagen podría consistir en pensar: "Soy una chica mala", o "soy un chico enfadado", cualquiera que sea la imagen que hayas desarrollado de ti mismo. Cada cual tiene sus propias imágenes, pero, en el fondo, todos desarrollamos la sensación de ser individuos separados con una identidad. Y lo mismo ocurre con el mundo representacional. Todos desarrollamos distintas imágenes del mundo, pero todas tienen un elemento en común: la visión de que el mundo está atomizado. Todos creemos que el mundo está compuesto de objetos físicos separados. Esto es verdad independientemente de si uno considera que cualquier elemento o patrón dado que está viendo es verdadero o falso.

Cuando empezamos a experimentar a Jabba el Hutt, básicamente estamos profundizando en nuestra experiencia de la autoimagen y de la imagen del mundo con el que se relaciona dicha autoimagen. Empezamos a sentir que nuestro sentido del yo está vacío porque solo es una imagen, no tiene ninguna sustancia. Entonces reconocemos que el mundo está vacío. Pero, una vez más, es la imagen la que está vacía, no el mundo real. Es nuestra representación del mundo la que acaba estando vacía, tal como es nuestra representación de nosotros mismos la que está vacía.

Una imagen es una cosa vacía; no es más que un cuadro mental. Por eso, cuando experimentamos nuestra alma a través de la imagen de nuestra estructura ego, en algún momento siempre encontramos un vacío en ella. No hay nada allí, porque esa es la naturaleza de una imagen construida. Y lo mismo ocurre con el mundo. Durante mucho tiempo no nos damos cuenta de que el mundo que estamos experimentando solo es el resultado del filtro a través del cual miramos. Pensamos que es realmente así. Y la mayoría de los científicos también asumen que es así. En general, los científicos no miran más allá de la creencia de que el mundo está compuesto de objetos, aunque ahora también hay teorías que lo cuestionan.

Cuando nos experimentamos vacíos, como una concha, reconocemos que hemos estado viéndonos a nosotros mismos a través de una imagen, una representación creada por la mente a lo largo del tiempo. Y cuando vemos que el mundo está vacío, eso significa que estamos penetrando nuestra imagen del mundo. Pero todavía no estamos viendo el mundo, porque el mundo real no está vacío; no es una ilusión. Es el mundo representacional el que es una ilusión. A lo largo de la historia, cuando los místicos y los buscadores espirituales han llegado a sentir que el mundo es una ilusión, que no es real, que todo está vacío, es comprensible que hayan concluido que ese vacío es la naturaleza del mundo. Pero no es la naturaleza del mundo; es la naturaleza de las imágenes que tenemos en nuestra mente.

La ilusión del mundo es mucho más difícil de penetrar que la ilusión de nosotros mismos, porque es una ilusión que la sociedad entera apoya con gran convicción. La sociedad dice: "Sí, por supuesto, este mundo físico es real y es fácil demostrarlo. El mundo no está compuesto únicamente de nuestras imágenes de él. Si no te lo crees, te voy a lanzar una piedra. Y eso hace daño, ¿cierto? ¿Ves? ¡La realidad *es* física!". Y nos quedamos satisfechos con este tipo de "prueba". Pero ¿qué hay de la realidad en tus sueños? Cuando estás soñando y alguien te tira una piedra, duele, ¿cierto? La gente puede despertar de un sueño así porque el dolor es muy intenso. Pero ¿la piedra con la que te golpearon existe? Por supuesto que no. De modo que es fácil agujerear la teoría física materialista. No es que estemos tratando de hacer agujeros en nada. No estamos tratando de demostrar nada. Solo estamos tratando de entender la realidad.

En el capítulo anterior, hemos comentado y explorado de manera experiencial la naturaleza del mundo físico desde la perspectiva de Jabba el Hutt, desde la que creemos que el mundo físico es la fuente de nuestra satisfacción. Y, si miramos más dentro de él, empezamos a ver el vacío del mundo y de sus promesas ilusorias. Ahora estamos entendiéndolo de un modo más psicológico. Hemos aprendido que, cuando vemos el mundo y a nosotros mismos como una concha vacía, eso significa que estamos empezando a ver la representación que tenemos del mundo. Por eso, en la descripción de mi propia experiencia, he mencionado que, cuando empecé a experimentar mi concha y su vacío, la vi como una extensión del mundo. Sentía que mi concha no estaba separada del mundo físico. Ahora bien, está claro que la concha es una construcción mental, de modo que eso me dijo inmediatamente que el mundo entero, tal como lo había estado viendo, también es una construcción mental.

Pero también estamos viendo que esto no significa que el mundo entero solo sea un constructo mental, y que no haya un mundo real. Solo significa que el mundo, tal como lo conocemos, es un constructo mental. Y a medida que se disuelve, empezamos a ver la verdadera estructura del mundo, su verdadero patrón, que existe y puede ser percibido. Cuando deconstruyes tu representación del mundo, el mundo real puede manifestarse. Y ese no puede ser deconstruido, porque el yo representacional ya no está allí para deconstruirlo.

Si juntamos todo lo que hemos estado explorando, podemos ver que nuestro mundo representacional, lo que creemos que es el mundo, se desarrolló a partir de la interacción con nuestro primer entorno, la gente que había en él, y lo que ellos creían. Y dicho mundo se convirtió en algo basado principalmente en la noción de separación, enraizada en la experiencia de que nuestro cuerpo físico está separado de otros cuerpos. Esto te dio la idea de que estás separado de todos los demás objetos físicos que te rodean. Y pronto aprendiste que algunos de los objetos reciben el nombre de seres humanos, y algunos de ellos son importantes fuentes de vida, porque son la fuente de algunos de los bienes que necesitas. Después aprendiste sobre otros objetos físicos que son fuentes de algún tipo de satisfacción, y otros que son fuente de dolor y dificultades. Por supuesto, hay muchos aspectos de nuestra experiencia de la realidad que contribuyen a esta idea de que el mundo entero es algo construido. Sí, las cosas parecen distintas. Las cosas se sienten distintas en distintos lugares. De modo que es natural que desarrollemos el punto de vista "fácil" de que el mundo está desmembrado, lleno de objetos separados, buenos y malos. Y como tú estás en este mundo físico y tienes que sobrevivir en él, tratarás de conseguir las cosas buenas de los lugares buenos, e intentarás evitar las cosas malas de los lugares malos. Pero cuando vivimos con esta perspectiva, solo perpetuamos y hacemos más real para nosotros nuestra representación del mundo. Lo que significa que continuamos apoyando una manera falsa o, con más precisión, una manera limitada de ver y experimentar el mundo.

De modo que no ha de sorprendernos que esta manera convencional de experimentar el mundo sea poderosa y difícil de penetrar. Está muy atrincherada y cristalizada porque toda la sociedad la sustenta, y es lo único que has conocido desde que tienes conocimiento. Es un poderoso condicionamiento, bien cimentado, y es muy difícil quitárselo de encima. Incluso cuando vemos la realidad tal como es —una realidad diferente en la que todo es luz e iluminación, brillo y amor—, resulta difícil mantener esa manera de ver. Porque ocurre algo, la atmósfera cambia dentro de ti, y vuelves a estar en la "realidad" familiar del mundo físico de objetos separados. Habiendo retornado, crees que simplemente has tenido una experiencia interesante en lugar de reconocer que no, que eso no ha sido una experiencia, eso fue un vislumbre de la verdadera realidad. Estamos tan convencidos de la visión física y materialista de la realidad que volvemos fácilmente a experimentarla, reafirmando nuestra convicción de que es verdadera.

El problema es que esta visión materialista y reduccionista se convierte en la base para que nuestra alma crea en la validez de su avaricia, de sus deseos, de su lujuria y agresión, de sus apegos y prejuicios, y de su negatividad. Porque, en cuanto el mundo se desmiembra, una parte de él puede estar en contra de la otra. Y el problema no es solo el desmembramiento, sino que el amor que unifica ya no está allí. Desde el punto de vista puramente materialista, no hay un amor implícito que haga que te sientas bien hacia otras personas y que te permita superar la separación. Y cuando hay dos que no sienten amor, ahí puede haber conflicto. De modo que la creencia en ese mundo desmembrado es la que crea a Jabba el Hutt en nosotros, y nos mantiene identificados con esa posición. Sustenta la creencia de que nuestra inseguridad, nuestra necesidad de acumulación, y nuestra necesidad de poder y control son reales. Refuerza la idea de que deberías intentar satisfacer esas necesidades, porque esa es la única manera de sustentarte y protegerte, y alcanzar un estado de satisfacción. Así, por supuesto, la mayor parte del mundo cree que esto es lo que les traerá seguridad, felicidad, satisfacción, y una sensación de plenitud en la vida.

Pero la gente tiene a Jabba el Hutt y también un poco de superego —la moralidad rígida del yo-ego—, y eso es lo que mantiene en secreto a Jabba el Hutt. Por eso, la mayoría de la gente trata de comportarse de maneras un poco más civilizadas. En cierto sentido, cuando miramos la actual situación del mundo y vemos todas las dificultades que afrontamos —crímenes, terrorismo, racismo y prejuicios, y explotación despiadada, no solo de otros seres humanos, sino del planeta mismo—, podemos preguntarnos si no está yendo todo a peor. Y si esto es verdad, me pregunto si no se debe a que la humanidad está un poco más libre del superego. Ciertamente, la humanidad es más licenciosa que hace dos generaciones. La gente ya no siente tanta necesidad de ser civilizada, de ser "buena". Y si las personas ya no se sienten así, son más libres de expresarse a sí mismas. ¿Y qué es lo primero que va a salir? Jabba el Hutt.

De modo que tal vez el superego nos ha protegido durante mucho tiempo y esa protección ya no está tan presente ahora. Esto significa que, si queremos lidiar eficazmente con nuestros problemas y los problemas del mundo, tenemos que encontrar algo más real que el superego. Tenemos que entender la estructura de Jabba el Hutt y sus estructuras relacionadas para ver en qué consisten. Tenemos que ser capaces de penetrar hasta que veamos la realidad tal como es, de modo que nuestro comportamiento más civilizado y compasivo surja como una expresión directa de la verdad.

SESIÓN DE PRÁCTICA
TU MUNDO Y TUS NECESIDADES

Ahora tienes una oportunidad de seguir explorando el mundo representacional, la imagen del mundo que has desarrollado junto con la imagen de ti mismo. Cada persona tomará quince minutos para hacer un monólogo, trabajando si es posible con otra u otras dos personas. Si estás solo, reserva quince minutos para tomar notas de tu indagación.

Investiga tu creencia en el mundo de objetos separados, que tiene cosas buenas en algunos lugares y cosas malas en otros. Considera las preguntas siguientes:

¿Qué es lo que sientes que necesitas más en el mundo? ¿Qué esperas y deseas conseguir de él? ¿Qué sientes que te dará el mundo?

¿Piensas que estas cosas te aportarán contentamiento y satisfacción? De ser así, ¿qué te hace creer esto?

¿Qué hay en este mundo que sientas una gran necesidad de evitar? ¿Por qué?

¿Qué revela todo esto sobre tus creencias y sentimientos más profundos con respecto al mundo?

¿Tienes la sensación de que el mundo en el que cree tu Jabba el Hutt no es el mundo real, sino una imagen falsa y vacía: un mundo de entidades separadas, que carece del amor y la luz que están por todas partes?

¿Ves alguna vez, o al menos tienes un vislumbre, del mundo real que está detrás de este mundo falso? ¿Puedes verlo ahora mismo?

... ...

PREGUNTAS Y COMENTARIOS

Alumno: Lo que me ha sorprendido es que parece haber otra sabiduría sobre la realidad que está tapada. Para mí, esto tiene que ver con la mortalidad. Es como Jabba el Hutt: lo que él niega abiertamente es que va a morir algún día.

A. H. Almaas: Correcto.

Alumno: Y parece que, a lo largo de los siglos, nuestra mortalidad ha tratado de sacar a la gente de esta identificación con el mundo físico. Así, cuando antes decíamos que hay un rasgo inteligente en la realidad, que contiene la manifestación del amor divino porque facilita que el alma transite de su identificación como un individuo a otra cosa, asimismo me ha impactado que la mortalidad es otra sabiduría de este tipo, que nos ayuda a desapegarnos.

AH: Eso es cierto.

Alumno: En la segunda pregunta, inicialmente he tenido la experiencia de sentirme muy afortunado de que el mundo me da todo lo que necesito. Y entonces ha empezado a entrar el otro lado —que en realidad es la visión que tiene mi madre del mundo—, de completa desesperación, desolación, destrucción, dolor, sufrimiento. Me he dado cuenta de que ambas son realidades precarias. Y, a continuación, en ese momento he tenido conciencia de ver la división, que parecía ser más sustancial. Pero no he tenido la experiencia de la reconciliación de esa división. Así, mi pregunta es sobre lo que has dicho antes, que cuando uno ve el mundo como realmente es, solo hay amor divino. Y que la experiencia del mal no es sustancialmente real de la misma manera. Eso me produce curiosidad. Necesito algo que me indique cómo puede resolverse. He leído a muchos místicos, y todos dicen que acaba resolviéndose, y que ellos tienen esa conciencia. Pero siento curiosidad con respecto a tu experiencia. Si pudieras decir algo sobre cómo, a través de tu conciencia, has llegado a darte cuenta de que solo existe el amor divino, y cómo has experimentado eso en las experiencias negativas con el mal.

AH: La cuestión es: ¿Cuál es el enfoque? ¿En qué marco se enfoca tu percepción? Si te enfocas en la naturaleza más interna de la realidad, te das cuenta de que esta realidad es la bondad misma. Y eso está por todas partes y es todas las cosas. Cuando te enfocas más en la superficie, en la manifestación, entonces la realidad aparece como el mundo físico, con todas sus dificultades. Esto lo resuelve para mí. No lo resuelve necesariamente para alguna otra persona. Para que esto lo resuelva otra persona, esa persona tiene que verlo como yo. Cuando digo que está resuelto para mí, esto no significa que no vea negatividad, que no vea agresiones en el mundo. Hay sufrimiento. Obviamente, el mundo está lleno de dolor, sufrimiento y negatividad.

Alumno: ¿Podrías dar un ejemplo específico de cómo tuviste esa comprensión?

AH: ¿Recuerdas lo que he leído antes de mi diario? Eso fue un ejemplo de sentir el vacío de todas las cosas. Y ese vacío, cuando lo acepto, empieza a llenarse de suavidad, de dulzura. Y antes de que me dé cuenta, esta dulzura no solo lo impregna todo, sino que lo constituye todo. Constituye tanto al asesino como al santo.

Alumno: Parece haber una diferencia entre vacío y maldad, destrucción, sufrimiento, y matanza. Entonces, si uno pasa por esa experiencia del mal, ¿cómo puede llevarle a una experiencia del amor divino?

AH: Bien, todos hacemos esto continuamente al trabajar nuestros problemas. Cuando trabajas tus problemas, estás trabajando tus identificaciones con una parte de ti que viene del pasado. Trabajas el estar enfadado, o tu odio, o tu miedo y cosas así. Y a medida que las entiendes, esas partes revelan otra parte más profunda de ti. Y antes de que te des cuenta, a medida que entiendes estas cosas, surge el amor, o alguna otra cualidad. De modo que, si la persona que asesina realmente trabaja sobre sí misma, será capaz de experimentar su naturaleza como amor. Pero si no trabaja sobre sí misma, continuará creyéndose su punto de vista equivocado. Considerará que la ilusión es real. Y sabemos que la ilusión determina tu experiencia: aquello en lo que crees es lo que experimentas. De modo que la persona que cree que el mundo va a por ella, eso será lo que vea. Y sentirá que está justificado protegerse matando a otros. Pero si la misma persona entiende eso y ve en qué consiste, de dónde viene, y reconoce su identificación, también será capaz de ver que lo que subyace a todo eso es la necesidad de ser amado. Y cuando lidie con esa necesidad de ser amado, reconocerá que el amor está ahí, está presente.

Alumno: Bien, estoy pensando en mi madre, que estuvo en un campo de concentración y en gran medida fue una víctima, e imagino que para ella sería muy difícil ver el amor divino, que el simple hecho de examinar sus relaciones de objeto no le daría necesariamente la experiencia del mundo como amor divino.

AH: Pero es posible. Hay personas que lo han hecho. Hay historias de personas que fueron capaces de usar la experiencia de estar en campos de concentración para empezar a experimentar amor de manera universal. Definitivamente, no es fácil. La mayoría de la gente no lo hace. Pero es posible. El hecho de que sea posible atestigua su verdad. El hecho de que no sea común no significa que no sea verdad; significa que es difícil. Y quien lo entienda, quien lo experimente, esa persona reconocerá que es difícil para la mayoría de la gente —para casi todos—, pero que es verdadero, que es posible. Definitivamente, se trata de una perspectiva muy difícil de aceptar, porque nuestra experiencia habitual es tan abrumadora, parece tan real, tan sólida. De modo que, si alguien te dispara, incluso si estás experimentándote a ti mismo como amor divino, empezarás a sangrar. No obstante, si estás experimentando el amor divino, reconocerás que la sangre está hecha de amor. Experimentarlo todo como amor divino no significa que no sangrarás. Significa que sangrarás, pero la misma sangre será amor divino. Y también la bala.

Como he dicho, el amor o el ser ilimitado es la naturaleza de las cosas. Cuando digo la naturaleza de las cosas, eso significa que es la constitución interna de las cosas: tal como lo que constituye internamente el cuerpo físico es el protoplasma. Las células pueden estar sanas o no, pero siguen estando hechas de protoplasma. Cómo se manifiesten depende del patrón que determina su desarrollo, pero siempre están hechas de la misma cosa. De modo que, si este es el marco en el que te enfocas, podrías seguir viendo el protoplasma al mismo tiempo que ves cualquier parte del cuerpo, y eso sería lo mismo que ver el amor divino en todas las cosas, independientemente de lo que ocurra. Cuando haces esto, tiendes a ser más amoroso, tiendes a ser menos agresivo, más servicial y compasivo. Y cuanta más gente haga esto, más se expresará ese amor. Definitivamente, es algo sutil y no tiene sentido lógico para nuestra experiencia habitual. Por eso, cuando la persona realizada sangra, sangra amor.

Alumno: He tenido una experiencia muy interesante con la segunda pregunta. El mundo no podía darme lo que necesito, y los mundos exteriores no parecen tener ninguna realidad en absoluto. Al mismo tiempo, no estaba presente la creencia de que yo me pueda dar a mí mismo lo que necesito, ni tampoco estaba presente un completo escepticismo de que no pueda darme a mí mismo lo que necesito. Es como una especie de cosa intermedia y, sin embargo, nunca he tenido la experiencia de poder darme lo que necesito. A medida que esto continuaba desarrollándose, llegué a un lugar donde surgió una pregunta: "¿Necesito estar vivo físicamente para ser?". Todo parecía ir hacia ahí. Eso parece que conlleva una especie de... no lo llamaría exactamente miedo, pero ciertamente es un ligero temblor o agitación a su alrededor. "¿Tengo este cuerpo físico para seguir siendo?". Esta parece ser una pregunta. Y la otra pregunta es: "¿Qué pasa si llego a otro lugar mucho más adelantado, donde la única forma de sentirme completo sería morir físicamente?".

AH: Algunas personas acaban creyendo eso, que estar completo es morir físicamente. Pero tú dices que tienes un cuerpo. Tal como yo lo veo, tú no tienes un cuerpo. ¿Sabes por qué no tienes un cuerpo? No hay un cuerpo que se pueda tener. Y no solo eso, no hay un "tú" que pueda tener un cuerpo. Todo es un océano de presencia que tiene dentro de él patrones o contornos. Y todo él tiene conciencia. Parte del contorno dice: "Estoy aquí, esta pequeña forma soy yo, separado del resto". Cuanto más te separas a ti mismo de esta manera, tanto más todo empieza a desmembrarse y aparece como puntos o islas y cosas físicas. Y a continuación, la lógica que surge de eso es que tienes un cuerpo. Es una inversión completa del punto de vista que ve verdaderamente lo que el ser ilimitado hace con la realidad. Nuestro pensamiento en los términos del materialismo empírico llega muy profundo. Incluso las personas que se llaman a sí mismas idealistas, que creen en una filosofía ideal y en ser espirituales, incluso ellas piensan básicamente como si fueran materialistas empíricos. Que el mundo material es real de manera definitiva. Porque continúan comportándose así.

Alumno: Esto me ayuda mucho, porque está claro que puedo tener la experiencia, lo que denominamos la experiencia física, de sentirme sin límites y al mismo tiempo pensar: "Estoy vivo". Es como que este cuerpo morirá... Me ayuda, gracias.

AH: Sí, el cuerpo morirá. Eso es cierto. Pero piensa en ello de esta manera: en tu experiencia interna, ¿no hay ciertas manifestaciones de presencia que vienen y van?

Alumno: Absolutamente.

AH: El cuerpo es una de ellas.

Alumno: Para ti es fácil decir eso.

AH: Si piensas en ello de esta manera, entonces cuando la cualidad de presencia que llamamos el cuerpo está allí, decimos: "Estoy vivo", y eso tiene su significado. Lo cual está bien, eso es lo que le encaja a esta manifestación de la presencia.

Alumno: Es verdad. Gracias.

Alumno: Estas preguntas casi me vuelven loco. Me ha costado mucho responderlas, especialmente: "¿Qué te va a dar el mundo?". Y también la pregunta sobre las necesidades. Solo he podido tener acceso a esta perspectiva del mundo y yo. Parecía que toda la pregunta consistía en eso.

AH: Sí, así es.

Alumno: Todo tiene que ver con la perspectiva, literalmente. Cuando pienso que estamos el mundo y yo, entonces caben estas preguntas. Pero si pienso que el mundo no está separado de mí, no hay preguntas que responder.

AH: Entonces las preguntas pierden significado y se autodestruyen.

Alumno: Y lo único que quería hacer era irme mientras la autodestrucción me afectaba a mí. Ha sido difícil sentarse con ella. Me sentía adormecido, continuaba detestando la pregunta, seguía queriendo levantarme, pero todo ello ha ido reduciéndose a: bien, si yo soy el mundo, lo tengo todo.

AH: Correcto. Exactamente. Tú tienes todo, tú eres todo.

Alumno: A mí me ha ocurrido lo mismo. Pero he seguido pensando. Personalmente, yo no tengo muchas experiencias de ser el mundo. Pero me he detenido en el concepto del tiempo. Siempre oigo que en realidad no hay tiempo, que no hay espacio. Y parece que, si tú eres el mundo, o si estás en esa experiencia, no ocurre nada que tú no sepas que va a ocurrir. No más misterios, no más... conoces el futuro.

AH: Eso es posible. Cuanto más plena sea tu experiencia de que eres la realidad, más verás. Pero en esa realización hay diferentes sutilezas y profundidades. De modo que la simple experimentación de "yo soy el mundo" no me va a revelar necesariamente lo que ocurrirá en el futuro. Esa otra realización más profunda. Experimentar que yo soy el mundo es una cosa. Y seguir experimentándolo así es otra. Al principio, al experimentar la esencia, tienes una experiencia, pero no es fácil mantenerla, caminar por ahí con ella, funcionar con ella. Es un paso mucho más grande. Lo mismo ocurre con la experimentación de la ausencia de límites. Al principio, puedes tener la experiencia, pero después, ¿cómo realizarla? ¿Cómo continuar con ella? ¿Cómo vivir desde esa perspectiva? Eso no es fácil. De hecho, a lo largo de la historia, la mayoría de la gente ha tomado la posición de que simplemente tienes algunas experiencias de unidad, y eso es todo. Eso es todo lo que tuvieron muchos de los pensadores famosos. El mismo Plotino dijo que había tenido la experiencia dos o tres veces en su vida. Y construyó todo un sistema filosófico que afectó a tres religiones.

Alumno: De modo que es como convertirse en un generador.

AH: Sí. Convertirse en un generador no es fácil. Y cuanto más te conviertes en el generador, más empiezas a ver y a entender, y a tener diversas capacidades.

Alumna: Una de las cosas con las que me he topado al responder estas preguntas es hasta qué punto doy por hecho mi idea de que entiendo lo que es el mundo. Y al intentar contemplar esto, he empezado a darme cuenta de que creo muchas cosas con respecto al mundo, pero eso no hace que sean hechos, sean lo que sean los hechos. De modo que he llegado a la conclusión de que fue durante mi crianza: el modo en que utilicé mi aparato perceptual, cómo fue entrenada mi mente y lo que se me dictó, porque siempre albergué la creencia de que había algo que no se me estaba diciendo. Las cosas no eran del todo como me decían que eran. Había algo más grande, diferente, tenía que haber más. Creo que esto es lo único que me ha llevado a estar en esta escuela. Y así, siento que las creencias se constelan en torno a que alguien conforma mi manera de emplear mis habilidades perceptuales. Por lo tanto, ver más allá de eso se parece mucho a haber sido criado toda mi vida dentro de una habitación pintada de blanco y, a continuación, cuando se me presentan conceptos sobre lo ilimitado, es como que se me dice que hay cosas fuera de esa habitación y eso es una gran sorpresa para mí. Solo sé vivir dentro de esa habitación, que se convierte en todo mi constructo de la realidad y de cómo funcionar en ella.

AH: Esa es una buena forma de explicarlo. Yo lo he llamado "materialismo empírico". Creo que otro término que le es aplicable es "realismo ingenuo". Esta es la visión convencional de la realidad física. Tú la tomas tal como aprendiste a percibirla cuando eras joven.

OCHO
El Dios personal

Cuando trabajo con las dimensiones ilimitadas, uso un lenguaje que no suelo usar en otros casos. Es más un lenguaje religioso, en el que empleo términos como "Dios", "ser divino", o "divinidad". Generalmente, no uso estos términos porque es muy probable que la gente malinterprete lo que quiero decir con ellos. Esto se debe a que se usan mucho y todo el mundo tiene sus propias asociaciones con respecto a ellos, que determinan lo que significan, las reacciones que producen y los sentimientos evocados cuando se escuchan. Pero, cuando uso estos términos, los uso de un modo muy específico, muy preciso y exacto. Los uso para indicar cosas específicas que forman parte de nuestro trabajo en el Enfoque Diamante. Y, al menos en nuestro trabajo, solo al llegar a las dimensiones ilimitadas es posible usar esta terminología y entender por primera vez lo que significan estas palabras.

Los términos que suelo usar para referirme al reino espiritual son "alma", "esencia", "ser" y "verdadera naturaleza". Y cuando trato de diferenciar entre la naturaleza del alma y la naturaleza del mundo, generalmente hablo de la esencia y del ser en el sentido de que la esencia es la naturaleza del alma, mientras que el ser es la naturaleza de la existencia. Al final son lo mismo, como vemos en el hinduismo, donde Atman es la naturaleza del yo y Brahman es la naturaleza de la existencia, y un punto importante de la espiritualidad hindú es la identidad entre Atman y Brahman. Usar las palabras "esencia" y "ser" nos da una terminología más neutral. Son términos que la mayoría de la gente no usa, y por tanto ayudan a evitar algunas de las dificultades que surgen con las palabras que tienen asociaciones emocionales de nuestra infancia y de nuestro origen cultural y religioso.

Un significado de la palabra "ser" es el que le dan los filósofos, y significa "ser como tal" más que un ser particular, refiriéndose así al modo de existencia de todos los seres y de toda la realidad. Esta es una forma de usarla, pero yo también la uso para referirme a la naturaleza de todas las cosas, porque en el Enfoque Diamante entendemos que la naturaleza de todas las cosas es su ser. Si cuando hablo de las dimensiones ilimitadas, uso terminología adicional como "Dios", "divinidad", "ser divino" o "ser supremo", solo son cualificaciones de la palabra "ser" que ya he venido usando. Y cuando digo "ser divino", no me refiero necesariamente a lo que la mayoría de la gente piensa cuando oye estas palabras, que es en Dios. Eso puede ser a lo que me refiero algunas veces, pero recuerda que actualmente hay en torno a cuatro mil confesiones [religiosas] en el mundo, cada una de ellas con su propia visión de lo que es Dios. De modo que todo el mundo tiene una noción de Dios procedente de su crianza y de lo que ha aprendido en la iglesia, en la sinagoga, o donde sea. La gente tiene todo tipo de ideas con respecto a qué es y qué no es Dios, y no necesariamente se corresponden con aquello a lo que yo me refiero.

Cuando digo "ser divino", me refiero al ser que es la naturaleza de toda la realidad y que aparece con la cualidad del amor divino, la dimensión de la luz amorosa que brilla y contiene una sensación de corazón, una sensación de pureza. Puesto que me refiero a esta dimensión como Amor Divino, y el ser es el sustrato infinito que aparece como cualquiera de las dimensiones ilimitadas, junto los dos para referirme al ser divino. No estoy diciendo que el ser aparezca *solo* con esta cualidad, pero cuando tiene esta cualidad de amor y ternura, de ligereza y alegría, entonces le llamo ser divino y, por tanto, con ello me refiero básicamente al "ser como tal" que se manifiesta con la armonía del amor que le es implícita e inherente.

Notarás que, cuando vayamos a otras dimensiones ilimitadas, no usaré necesariamente el término "ser divino". Por ejemplo, podría usar "ser supremo" si estoy hablando de la dimensión de la pura esencia: lo que llamo la dimensión Suprema. Y es cierto que lo que llamo ser divino o ser supremo significa Dios en muchas enseñanzas; en particular, las tradiciones místicas tienden a equiparar la experiencia del ser con la experiencia de Dios.

Crecí en una familia musulmana tradicional, pero no era religioso en absoluto. Y sigo sin serlo. Aunque la mayoría de mi familia era religiosa y rezaba con devoción, había excepciones, y yo era una de ellas. En un país musulmán, mientras vas a la escuela tienes estudios religiosos, lectura del Corán y también estudias historias sobre los profetas. Pero, desde el principio, yo no compré que lo estaba aprendiendo. No me lo creía porque no tenía sentido para mí: mi actitud era más científica y experimental. No es exactamente que no creyera en la existencia de Dios, pero el Dios del que hablaban la mayoría de los profesores parecía ser solo un reflejo de la mente humana. Era demasiado antropomórfico y demasiado pedante para mi gusto. Pensé que, si había una realidad sagrada, debía ser algo mejor que eso.

Esa era mi comprensión, y significó que básicamente no presté mucha atención a la religión. Aprobé mis estudios religiosos, pero no era una persona religiosa ni una persona espiritual. Ni creía en la religión y la espiritualidad ni dejaba de creer en ellas; simplemente no me preocupaban. No me interesaban porque no tenía experiencia de ellas: no tuve ninguna experiencia espiritual reconocible o explícita hasta los veintitantos años.

Cuando era niño, mis primeras experiencias espirituales eran demasiado sutiles para que las reconociera como algo notable, aunque más adelante, cuando volví a encontrarme con ellas, reconocí su significado. Muchas personas hablan de todas las experiencias espirituales que tuvieron de niños, pero yo no tuve ninguna de las que la gente suele contar. Solo era una persona normal teniendo las experiencias normales del mundo. Sí, había oído hablar de Dios, pero no sabía qué pensar de ello. Y eso era todo.

De modo que mi interés consciente por los estudios espirituales no empezó hasta más adelante en la vida, cuando tenía unos veinticinco años, y no tuve algo que reconociera como una experiencia religiosa hasta los veintiséis o veintisiete. Pero, cuando miro atrás en mi vida, me doy cuenta de que, de hecho, había un hilo religioso en las experiencias que surgían en mí conforme aprendía sobre mí mismo y la realidad. Esto fue diferente del desarrollo de mis experiencias espirituales, que generalmente eran más de tipo místico. Y eso es lo que tenemos en el Enfoque Diamante, una orientación más mística: experimentar y examinar tu propia naturaleza y la naturaleza de la realidad. Buscar la verdad que está más allá del concepto personal de verdad que es propio de uno.

Esto significó que, al principio, durante unos años, incluso cuando mi apertura espiritual estaba en marcha y estaba teniendo todo tipo de experiencias, comprensiones y realizaciones, seguía sin pensar en Dios o en la divinidad de un modo u otro. Pero, de vez en cuando, notaba ese otro hilo discurriendo a través de ciertas experiencias que iba teniendo. Estaba experimentando la esencia y diversos aspectos, y estaba aprendiendo sobre la esencia y la verdadera naturaleza, pero, ocasionalmente, también había experiencias de sentir lo que la gente llama una sensación de cercanía. Sentía que me estaba acercando a algún tipo de verdad última, y aunque no sabía lo que era, implicaba al corazón más que a cualquier otra cosa.

Después de algún tiempo, ya no hacía ninguna diferenciación entre Dios y la verdadera naturaleza. Después de todo, lo sagrado solo puede ser una cosa. Lo sagrado no puede ser dos cosas, la verdadera naturaleza por un lado y Dios o la divinidad por otro. Pero no estaba haciendo ningún intento de conceptualizar qué es Dios, y en parte esto puede deberse a la influencia de las enseñanzas islámicas. En la fe islámica, y es algo similar a la fe hebrea, Dios es algo que se supone que no has de visualizar ni has de dar forma. Se supone que no vas a conocer a Dios, solo crees en Él, y eso es todo. De modo que esa influencia puede haber jugado un papel en por qué no intenté pensar en Dios como algo en particular, o como una dimensión particular.

Junto con el hilo de experiencias que trajo un sentimiento de cercanía, de acercarme a algo, también tuve experiencias similares a la que describo en el capítulo 5, de llegar a un lugar donde objetivamente no podía hacer nada, un lugar de rendición. Y reconocí que es al rendirse cuando ocurre algo, algo a lo que llamo *la gracia*. En el momento en que renuncié, parece que cierta energía descendió y fluyó dentro de mí, y resultó ser lo que ahora llamo el *amor divino*. Esa energía simplemente funde el ego; funde el yo, y funde cualquier resistencia que el yo anteponga.

De modo que, en realidad, no llegué a un lugar donde pude pensar en la divinidad o en el ser de manera concreta hasta que empecé a tener experiencias de las dimensiones ilimitadas. Entonces tuvo sentido para mí experimentar la esencia, no solo como mi naturaleza, sino como la naturaleza de todas las cosas, como una presencia que está viva y es consciente. No es solo la naturaleza y la esencia de todas las cosas, también es lo que constituye todas las cosas, con lo que nada queda fuera de ella. Esto es a lo que llegué a llamar Dios, o divinidad, o lo sagrado, porque el reconocimiento de que no puede haber nada aparte de ello es inherente a la experiencia positiva de ausencia de límites. Si estás experimentando la unidad, el uno, y la ausencia de límites, es lógicamente imposible que exista alguna cosa más.

De modo que mi desarrollo místico, que comenzó con el puro reconocimiento de la esencia como presencia, verdadera naturaleza y ser, llevó, en cierto sentido, a algún tipo de experiencia religiosa y de desarrollo religioso. Y los estudios históricos del misticismo, y de la religión con su relación más personal con una divinidad, muestran que, de algún modo, uno tiende a emerger de la otra. Por ejemplo, en Occidente puedes mirar a las tradiciones del judaísmo, el cristianismo y el islam, y todas ellas empezaron como religiones y después desarrollaron componentes místicos. Por el contrario, todas las tradiciones orientales comenzaron como místicas y después desarrollaron componentes religiosos, que implicaban devoción a la divinidad. Incluso el budismo tiene eso en nuestros días: hay, como sabes, devoción a Buda, quien representa la verdadera naturaleza.

Así, a través del entendimiento objetivo del Enfoque Diamante llegué a ver la relación entre estos dos lados del desarrollo espiritual: el enfoque religioso, con su relación personal con lo sagrado, y el enfoque místico, que implica la realización de nuestra naturaleza interna. Ahora bien, la relación personal con la divinidad es un planteamiento natural y útil hacia el reconocimiento de la verdadera naturaleza y la realización del ser. Que esto ocurra de manera natural se debe principalmente a lo que hemos dicho antes: la profundidad, la tenacidad y la cristalización de la creencia en la existencia del mundo físico convencional, donde tú y yo existimos como individuos.

Esta creencia es tan profunda que probablemente forma parte de nuestra programación filogenética. Y por eso el enfoque místico no resulta fácil para la mayoría de la gente, pues requiere una percepción de la realidad que esté liberada de esa creencia, un reconocimiento de que la esencia, el ser y la verdadera naturaleza existen independientemente del individuo. Desde la perspectiva mística no tiene sentido que tú, como individuo, tengas una relación con la verdadera naturaleza, porque tú eres la verdadera naturaleza, tú eres el ser: todo es unicidad y unidad. Pero es muy difícil alcanzar esa perspectiva, y aunque unas pocas personas consiguen atravesar el proceso místico —abrirse y reconocer la unidad del ser—, la mayoría de la gente no puede hacerlo. La mayoría de los seres humanos simplemente no pueden transcender y soltar esa creencia profunda, inherente al principio ego, de que son individuos separados. Y para lidiar con esta dificultad, todos los enfoques espirituales, incluso los místicos, en algún punto desarrollarán algún tipo de enfoque religioso que implique la relación del individuo con la divinidad.

En el Enfoque Diamante, el componente religioso surge cuando se llega a la transición entre la experiencia personal e individual y la experiencia de ausencia de límites, de puro ser, o unidad. Ahí es donde lo considero útil, y ahí es donde surgió mi propia experiencia de un tipo de sentimiento religioso de devoción, una devoción comprometida con algún tipo de fuerza que yo no sentía que estuviera dentro de mí. En ese momento, la noción de estar dentro de mí era irrelevante. Fue útil para mi proceso que en ese momento surgiera natural y espontáneamente una actitud devocional hacia esa fuerza, aunque esta no era mi orientación habitual en absoluto.

Mis experiencias me dieron una sensación y una comprensión de lo que es un Dios personal, o una relación personal con Dios. Un Dios personal no significa que Dios sea una persona; significa que te relacionas con Dios como si tú fueras una persona. Hay una relación entre la persona y el ser, una relación entre el alma y la verdadera naturaleza. Como alma, mientras sigas creyendo que eres un individuo, tu relación con el ser tiene que ser personal. Como crees que eres una persona, tu relación con lo sagrado es una relación personal. Pero es *tu* relación la que es personal, no la de Dios. Y la relación no hace de lo sagrado una persona, solo hace que la relación sea personal. Generalmente, pensamos que una relación personal tiene que ser entre dos personas, pero cuando llegamos a la transición desde la dimensión personal a la dimensión sin límites, descubrimos que puede haber una relación personal entre la persona y la divinidad, que no es una persona. De modo que Dios no tiene que convertirse en una persona para relacionarse contigo personalmente, o para que tú tengas una relación con Dios.

Siento que la palabra "Dios" solo debería usarse cuando te estés refiriendo a una relación personal con lo sagrado. Si no es así, no hay necesidad de la palabra "Dios"; decir "verdadera naturaleza" o "realidad" es suficiente. Pero, para los que no han tenido la experiencia, resulta difícil creer que existe tal cosa como una relación personal con la verdadera naturaleza, que puedas experimentar una relación personal con la realidad en el sentido de que tú la ames, le reces y seas devoto de ella. El hecho de que puedas tener tal relación no significa que la verdadera naturaleza sea una persona que te premia o te castiga. Esta cosa del premio-o-castigo nunca tuvo sentido para mí en absoluto. Nunca pude creer que la realidad pudiera basarse en algo tan simplista, primitivo y pedante como un Dios que premia y castiga.

Por supuesto, en nuestro trabajo existe una relación personal desde el principio, cuando se manifiesta como amor a la verdad. Amor a la verdad, tener una dedicación total a reconocer la verdad y a permitir que se abra y nos guíe. Eso es una relación personal con la esencia, o verdadera naturaleza, y también es implícitamente una relación personal con el ser y con lo sagrado. A medida que la verdad se manifiesta como la naturaleza esencial misma, y a continuación la totalidad del ser —la naturaleza de todas las cosas— la relación se desarrolla más explícitamente como una relación personal con el ser, tanto si aparece como ser divino, ser supremo o ser absoluto. A veces simplemente usamos el término "el Amado" para referirnos a este otro divino, puesto que la relación está caracterizada por un profundo amor y devoción. Cuando se llega a este nivel, resulta fácil verla como una relación entre tú y Dios, donde el término "Dios" puede usarse para significar ser sin límites. Así, esta relación personal con el ser, o con lo sagrado, experimentada con el amor y devoción que comenzó como un amor devoto a la verdad, continuará en el Enfoque Diamante mientras tú seas una persona.

No obstante, a partir de cierto punto es mejor no usar este lenguaje de la relación personal, porque puede dar lugar a una confusión sutil y, para la mayoría de la gente, puede haber un peligro muy real de que la actitud religiosa pueda desviarse. El peligro es que cuando tenemos una relación personal con lo sagrado, en lugar de otra más mística, podemos quedarnos fijados como un sujeto que se relaciona con un objeto que está en otro lugar. De modo que sí, descubrir que soy un alma que se relaciona con lo divino puede ocurrir de manera natural y servir a un propósito útil. Pero se convertirá en un problema si permanezco fijado en la dinámica de esa relación de objeto, porque entonces yo soy *siempre* el alma relacionándose con lo divino —bien sea la esencia, el ser o el ser divino—, y lo divino *siempre* permanece en algún otro lugar. Pero sabemos, a partir de todas las enseñanzas espirituales con perspectiva mística, que la plenitud de la autorrealización es *convertirse* en la esencia: yo me convierto en el ser divino, y yo *soy* la verdadera naturaleza, yo soy lo absoluto. Esa es la verdadera liberación.

No podemos llegar a esta autorrealización última si permanecemos atascados en la relación de objeto habitual con lo divino. Y es probable que esto ocurra si no tomamos en consideración una de las principales comprensiones de la teoría de las relaciones de objeto, defendida por Otto Kernberg. Tal como la entendemos normalmente, una relación de objeto es entre tú como sujeto y el objeto. Tú internalizas esa relación de objeto y, al hacerlo, te conviertes en el yo que se está relacionando con el objeto. Pero la gran comprensión de Kernberg es que la experiencia no consiste solo en esta dinámica; también se le puede dar la vuelta. Él vio que la relación de objeto puede ser experimentada desde ambos lados. Esto significa que también puedes identificarte con la imagen del objeto, de modo que te conviertes en el objeto; proyectas el yo sobre alguien más y te relacionas con él de esa manera. Si reconocemos esto plenamente, puede ayudarnos a lidiar con nuestra relación personal con lo sagrado, porque sin esta otra comprensión de la relación de objeto, siempre serás tú, el yo, relacionándote con lo sagrado. Entonces nunca puedes convertirte en lo sagrado. Nunca puedes convertirte en esencia y ser. De modo que es posible que Kernberg no lo sepa, pero podría ser el correctivo. Él podría haber aportado una idea que puede ayudarnos a lidiar con nuestra actitud religiosa para que no se desvíe.

En nuestro trabajo, asumimos la actitud más mística durante mucho tiempo antes de introducir el elemento personal, para evitar la posibilidad de que se produzca esta confusión. En cierto sentido, tenemos que estar lo suficientemente enraizados en el reconocimiento de nuestra propia verdadera naturaleza, completamente pura y sagrada, antes de introducir la cuestión de una relación personal con lo sagrado. Como he dicho antes, la relación personal está ahí desde el principio, pero en ese punto no nos enfocamos en ella, no decimos explícitamente lo que es. Y esto se debe a que, aunque es valioso tratar con lo sagrado desde la perspectiva personal, otra dificultad sutil que surge de ello es que nos identificamos como la persona que está teniendo la relación personal. Nos consideramos esa persona, y nos lo creemos completamente.

Ahora bien, en el camino de la indagación, empezamos a trabajar desde donde estamos y permitimos que el proceso se despliegue. Esto es lo que siempre hacemos en nuestro trabajo, porque para el proceso de transformación es útil y eficiente empezar desde donde estamos. Y como al principio estás en la creencia atrincherada de que eres una persona separada e independiente, entonces decimos: de acuerdo, si eso es lo que crees, empecemos desde ahí. Consideremos que es verdad y sigamos adelante desde ahí. Y si eso es lo que crees, entonces, cuando reconozcas que hay una realidad sagrada, es natural que te relaciones con ella de manera devocional, humilde, rindiéndote a ella. Asumir esta actitud religiosa, con su elemento personal, significa que el impulso espiritual aparecerá desde dentro de la entidad de la personalidad como una actitud amorosa y devota hacia la verdad, hacia la realidad. Y esto también permite que la creencia en ser una persona comience a disolverse. Hace más fácil que la identificación individual se acerque a la unidad a través de un proceso de atracción que se siente como amor, hasta que finalmente el individuo se autodestruye a través del intenso amor que surge dentro de él.

Así, la realización de la verdadera naturaleza aparece como el alma individual entregándose, rindiéndose a, o disolviéndose en, una realidad mayor que es pura y divina. Y para la parte identificada de nosotros, esta dinámica parece ser intuitivamente más fácil que simplemente decir: "De acuerdo, reconozco que soy mi verdadera naturaleza, de modo que ya no me voy a experimentar como una persona separada". Porque si reconoces tu verdadera naturaleza de esta manera, la identificación con ser una entidad, una persona, continuará: no se detiene sin más. Exploraremos con mucho más detalle este proceso de encontrarse con el Amado en el tercer libro de esta trilogía sobre el amor espiritual.

Ahora bien, dije al principio, en el capítulo 1, que este lenguaje de la rendición es una trampa, porque en realidad no hay nadie allí que se rinda. En aquel capítulo, exploramos la realidad última de la realidad ilimitada, pero entonces también dije que, en muchas etapas del camino, resulta práctico hablar de nuestro proceso de "dejar ir", "rendirse", "fundirse", "desaparecer", "unirse con". Es posible que no sea la verdad última, pero describe la verdad de dónde estamos en esas etapas, y eso es lo que estamos permitiéndonos ahora, a medida que examinamos nuestra experiencia de la transición de lo personal a lo ilimitado.

Como siempre en esta enseñanza, es importante que no conceptualicemos lo que es la verdad; no determinamos qué es esta realidad a la que estamos dedicados. Por eso, simplemente decimos: es la verdad, y a continuación dejamos que se revele a sí misma, sea cual sea, en lugar de decir desde el principio: "Es Dios" o "Es Brahman", o cualquier concepto religioso que pudieras elegir. Podemos simplemente dejarlo como lo sagrado, como la divinidad, como pureza, como realidad, y aun así dedicarnos a ello de manera personal. Y a medida que crece el sentimiento de cercanía, con el tiempo esta realidad, esta verdad subyacente, revelará su naturaleza al alma, y lo que revelará es que no es otra cosa que la naturaleza del alma.

De modo que está este proceso que lleva al alma individual más cerca del ser divino o de la verdadera naturaleza de una manera personal, y trabajamos esa relación personal hasta que se va, se disuelve, dejando la experiencia de unidad y ausencia de límites. En mi propia experiencia, este proceso formó parte inherente de la indagación en la naturaleza del alma, en la naturaleza del ser, y en la relación entre ambas. Y hemos visto que, en cuanto empezamos a lidiar con esa relación, tenemos que lidiar con nuestra relación personal inconsciente con Dios o con lo sagrado. Empezamos a lidiar con esta relación personal con el ser divino en el capítulo 1, cuando exploramos la experiencia personal del amor ilimitado como luz viviente. Vimos que nuestra capacidad de sentir una confianza básica depende de nuestro primer entorno, y de cómo la relación con la madre, o con la persona que hizo de madre, afecta a la relación con Dios. También examinamos el tema de la bestia, que puede producir odio hacia el amor divino cuando se frustra nuestra experiencia personal de él.

Creo que es inevitable que la psique o el alma desarrolle una imagen de una deidad, o de lo sagrado, incluso en personas que crecen en tradiciones místicas como el budismo o el hinduismo. Esto se debe a una propiedad inherente al alma, que hace que tienda a personalizar las cosas. Se trata de una tendencia inconsciente, y ocurre de manera natural en los niños, por eso estoy seguro de que cuando los niños budistas oyen hablar de la verdadera naturaleza o de la naturaleza de buda, no pueden evitar referirlo a una persona que existe en alguna parte. Y entonces tendrán una relación personal con ella. Y allí donde hay una imagen de la deidad, generalmente también hay una imagen del diablo, de modo que la bestia también existirá de alguna forma para los budistas. Tal vez tendrá un aspecto distinto al de nuestras imágenes, pero habrá algo así.

De modo que casi todo el mundo desarrolla una imagen de Dios, y lo que se necesita es ir más allá de ella y averiguar más sobre la relación de la persona, el ser humano, con el ser ilimitado. Porque, en el momento que ves que, aunque haya ausencia de límites, tú continúas siendo un ser humano y lo mismo les ocurre a todos los demás, surge la pregunta: ¿Cuál es la relación entre ambos? La dimensión del Amor Divino nos ayuda a ver con claridad qué es el alma individual, qué es la realidad cósmica, y la naturaleza de la relación entre ambas. Ayuda a dar sentido a la humanidad, a la vida humana y a las relaciones humanas.

Cuando conocemos la realidad cósmica, vemos que ser es la naturaleza misma del alma. No obstante, hay algo más que tenemos que entender sobre la relación entre el ser y el alma, porque el alma es algo más que su naturaleza. Es una manifestación individual que es creativa en cierto sentido. El alma no es lo mismo que una roca, lo que significa que no es simplemente el yo-ego.

De modo que hay más que aprender, pero lo que espero que tengamos claro ahora es que, cuando hablo de una relación con el ser divino, no me refiero al Dios del que te hablaron tu madre y tu padre, o el sacerdote. Como he dicho, me refiero a Él de una manera muy específica. Pero, conforme hablo de la verdadera naturaleza o del ser divino, tienes que evitar conceptualizarlo, dejar de pensar que sabes lo que es. No tengas ideas sobre qué es la verdadera naturaleza ni sobre cómo se podría manifestar esta realidad mayor y aparecer ante ti como individuo. Simplemente, acepta que no sabes qué es ni cuál es su relación contigo, en lugar de intentar imaginar constantemente: "¿Qué es? ¿A qué se parece? ¿Está por encima de mí allí arriba, y yo estoy aquí abajo? ¿O yo estoy dentro de ella?". Tienes que soltar todas las ideas que puedas tener sobre cómo funciona todo esto y emprender un viaje de descubrimiento. En mi caso, a través de este proceso de descubrimiento me di cuenta de qué es el ser divino. Comenzó con la historia de Jabba el Hutt, y transformó a Jabba en el hijo de Dios. Exploraremos lo que esto significa en el próximo capítulo.

SESIÓN DE PRÁCTICA
TU EXPERIENCIA DE DIOS

Ahora es el momento de que explores la historia de tu relación con Dios. Incluso si sientes que no crees en Dios o que no has sido religioso durante tu vida, puedes descubrir que tienes un sentimiento o experiencia inconsciente de Dios. Esto va a ser un monólogo, y si es posible trabajarás con otra u otras dos personas. Cada persona tomará quince minutos para explorar las cuestiones siguientes, mientras los otros escuchan. Usa cualquiera de estas preguntas como punto de partida y síguela dondequiera que te lleve. Si estás solo, anota tus respuestas.

¿Tuviste una crianza religiosa? Si es así, ¿era Dios una parte explícita de tu primera infancia y de tu entorno familiar, o hubo una noción más implícita e inexpresada de Dios en tu crianza? ¿Fuiste más consciente de Dios en la cultura, en la escuela, o en tu vida social con amigos y vecinos?

¿Qué era Dios para ti: una presencia, una idea, una imagen, un amigo? ¿Cuál era tu relación con ese Dios?

¿Cómo impactaron tu relación con tu madre y la cualidad de tu contacto con ella en tu noción de Dios? ¿Usó tu madre la noción de Dios como un medio de controlarte? ¿Fue Dios un refugio ante las dificultades que hubo en tu casa?

¿Cómo ha afectado tu relación con Dios a tu camino espiritual a lo largo de tu vida?

... ...

Preguntas y comentarios

Alumno: Estoy confuso. Cuando te experimentas como una persona y tienes la experiencia de ser devoto, tienes un sentimiento de cercanía y amor en tu corazón. Estoy confuso con respecto al cambio en esa relación de objeto, esa de la que hablaste con relación a Kernberg. ¿Cuándo ocurriría ese cambio? ¿Puedes explicar eso un poco más?

A. H. Almaas: El cambio ocurre en la experiencia que yo llamo autorrealización. Cuando te conviertes en aquello de lo que eres devoto, te conviertes en la verdad que amas.

Alumno: De modo que en realidad no encuentras la realización estando al otro lado de la relación de objeto. En ese punto, en realidad no estás en una relación de objeto.

AH: Se produce un cambio, por el cual tú te conviertes en naturaleza esencial relacionándose con el alma, con el individuo.

Alumno: El individuo con el que solías identificarte.

AH: Sí. Ya lo verás. A esto es a lo que me refiero: la relación de objeto cambia. Y al cambiar, tú te convertirás en aquello de lo que eres devoto. La naturaleza de aquello de lo que eres devoto es puro ser, y eso comienza a disolver la relación de objeto. Pero también es posible experimentarte como la ilimitada naturaleza divina amando al alma individual. De modo que es una relación, pero no está internalizada.

Alumno: De acuerdo. Sí, lo veo.

AH: Y por tanto, hay un arte y una ciencia de cómo pasar de una a otra. Ese es el truco que hay que aprender, y creo que resulta difícil para la mayoría de la gente. Entonces, ¿cuándo resulta útil la actitud personal y cuándo la actitud mística? Porque, de acuerdo, tú te conviertes en la verdadera naturaleza, pero ¿significa eso que ya nunca más serás la persona que es devota de la realidad de manera personal? No. Lo que ocurrirá es que, te guste o no, vas a seguir siendo una persona, porque siempre hay una identificación todavía más profunda con ser esa persona. De modo que la habilidad que tienes que desarrollar es esta: en el momento en el que reconoces que estás identificado con ser una persona, el mejor enfoque que puedes tomar es el de un amor personal y devoto a la verdadera realidad; entonces no dices: "Yo soy la verdadera realidad". Cuando te consideras a ti mismo una persona, no dices: "Mi verdadera naturaleza es Buda". Si haces eso, te estás mintiendo a ti mismo. Será la concha la que estará diciendo: "Yo soy Dios".

Si estás identificado con ser una persona, reconoces que eres esa persona, y a partir de ahí asumes la actitud personal de tener una devoción amorosa hacia la verdad, sin decir qué es esa verdad. Y entonces, en el momento en que comienza el cambio y tú te conviertes en la verdad, abandonas eso. Entonces trabajas en no identificarte con la persona. Siendo como eres en ese punto, siendo la verdad, no quieres continuar identificándote con la persona. Si lo haces, eso te devolverá directamente a la relación de objeto, que no es la verdad, no es la verdad última. La verdad última es que no hay relación de objeto. La relación de objeto solo es útil debido a nuestras limitaciones.

Este es el arte sutil que tiene que ocurrir. Cuando eres un individuo, tienes una actitud devota y de oración hacia la verdad. En el momento en que te conviertes en la verdad, tienes que reconocerlo: "Yo soy la verdad. Yo soy la luz. Yo soy la verdadera realidad. Yo estoy aquí. Yo existo. Yo soy lo definitivo". Si sigues pensando en ti mismo como en una persona, eso te desconectará de la experiencia.

No obstante, hay una excepción importante, y es que puedes ser una persona del ser, más que una persona basada en ideas y en la historia. Aquí es cuando la presencia esencial asume la cualidad de la personalidad, pero ahora no es una persona separada, porque la persona es una expresión de la misma sustancia del ser, o del amor divino. Ser esta persona esencial significa que sientes que eres una ola que forma parte del océano de amor, o una célula de un cuerpo cósmico. De modo que no estás separado de la sustancia del océano o de las otras células.

Alumno: ¿Y qué pasa cuando están los dos lados? Estoy pensando en algunos de los poemas de Rumí, donde dice: "Te anhelo tanto". Y la respuesta es: "Deja de quejarte. Estoy más cerca de ti que tu aliento". Y Rumí dice: "Pero yo solo soy una única llama y tú eres todo el exquisito sol". Y el diálogo continúa en ambos sentidos.

AH: Eso es correcto. Es un diálogo.

NUEVE
El Hijo de Dios

Hasta ahora hemos examinado la relación con lo sagrado, o con la divinidad, enfocándonos en la relación con la madre. Esto se debe a que la madre suele ser la figura central de nuestro primer entorno, y por eso nuestra relación con ella determina en gran medida nuestra primera y fundamental experiencia relacional. La impresión que deja afectará a otras experiencias fundamentales de cercanía y relación y, sobre todo, a la realidad, al amor divino que nos sustenta. Sin embargo, a medida que exploramos nuestra relación con Dios, o con nuestra imagen de Dios, descubrimos que esta imagen tiene elementos de ambos, padre y madre, de modo que ahora vamos a examinar cómo afecta tu relación con tu padre a la relación con la divinidad. La relación con el padre viene después —cuando eres más una persona—, que la relación anterior y más primitiva con la madre. Y por eso se vuelve relevante aquí, a medida que tratamos contigo como persona en relación con la verdad.

Te contaré mi propia historia personal y las experiencias por las que pasé al explorar esta relación. Esto vino después del episodio que describí en el capítulo 6, cuando la experiencia del ilimitado amor divino reveló mi identificación con la contracción en mi cuerpo, que sentí como una concha. Esto me llevó a una imagen de Jabba el Hutt como una dimensión de esa concha, y a continuación vi que tenía continuidad con la concha cósmica. Y finalmente surgió la realidad divina, una presencia divina que es amor y luz, y el reconocimiento de que yo soy una expresión de este amor divino, una parte de la divina presencia.

Ahora quiero volver a un punto particular de este proceso, cuando reconozco que soy parte de todo este océano de amor. A medida que esto ocurre, también tomo conciencia de mi identidad con la concha personal y con la concha cósmica, que es donde quiero empezar. Como concha cósmica, siento que soy uno con la realidad física. Siento que formo parte del universo físico, tal como una roca es parte de la montaña. Al mismo tiempo, el amor divino está presente, pero ahora es solo la intuición, más que la percepción directa, la que me dice que ese amor es la esencia del universo. Había tenido la percepción directa de esto antes, y en ese punto no había más que la conciencia del amor, que es como un océano de presencia inmaculada. Pero aquí soy consciente de ambos: la concha cósmica —la sensación de que todo el universo físico solo es una concha muerta, vacía— y el divino ser cósmico al mismo tiempo. A continuación, me doy cuenta de que mi identificación es más con la concha, y en particular con la concha en torno al lado izquierdo de mi cuerpo. Esta parte de lo que llamo la línea de tensión del ego, que es la manifestación física de la contracción en la conciencia que acompaña a la formación de la estructura del ego y a la creencia en ser un individuo separado. La tensión aumenta y puedo sentirla alrededor de mi hombro y pecho. Es como una especie de escudo, algún tipo de límite en torno a mi pecho.

A medida que experimento eso y sigo con ello, vuelvo a tomar conciencia del amor divino. Estando ambos presentes, en algún momento mi identidad cambia hacia el amor divino. Cuando esto ocurre, la concha empieza a disolverse, revelando la imagen o la identificación que estaba dentro de ella (la concha siempre contiene una identificación de una forma u otra). El escudo revela la imagen de un niño pequeño; es el niño pequeño tal como yo me conocía a mí mismo. Ahora este niño aparece ante mí, atemorizado y aferrándose tenazmente al delantal de su madre. Esta identificación ha surgido al convertirme en la divina experiencia de mí mismo: el amor que no tiene fronteras, con una cualidad de plenitud y generosidad.

Lo que ha ocurrido aquí es que la relación de objeto ha cambiado. Ha girado en la dirección que comentamos en el capítulo anterior. Yo me he convertido en el amor, la divina presencia, y desde aquí estoy viendo a esta persona, el Hameed que conocía cuando él era joven. El amor que estoy experimentando comienza a manifestar una cualidad verde; es amor divino con compasión por este niño atemorizado, a quien puedo ver no solo atemorizado, sino también ansioso y frustrado. Le veo sufrir, y lo comprendo. No lo rechazo. Desde la perspectiva del ser divino, estoy mirando a esta persona, esta identidad que aparece como un niño pequeño, y el sentimiento que surge es: "Estás bien tal como eres. Puedes quedarte. No tienes que disolverte; no tienes que morir; no tienes que hacer nada. Como amor ilimitado, yo te quiero y te acepto tal como eres. Puedo ver tu miedo y tu frustración, y entiendo tu dolor; entiendo tu sufrimiento". Esto es lo que pasa cuando estás identificado con tu verdadera naturaleza y miras a una persona. No puedes evitar sentir amor y compasión porque esa es la naturaleza de nuestra esencia.

De modo que está el sentimiento de ser una persona. Y hemos hablado de cómo la persona se disuelve y se convierte en una unidad. Este es el proceso, ¿cierto? Por lo tanto, algunos podríamos tomar esto como que tenemos que librarnos de la sensación de ser una persona. Pero en eso hay un sentimiento de rechazo, que significa que todavía estamos implicados en una relación de objeto, en este caso de rechazo. Sin embargo, el amor divino nos muestra que no hay necesidad de rechazar. No hay nada que diga que la persona debería desaparecer; la persona puede quedarse, es bienvenida.

Aunque siento que la persona es bienvenida y puede quedarse, al mismo tiempo surge una percepción que muestra que esta persona, este niño, solo es una imagen, basada en su

EL HIJO DE DIOS

creencia de que es un individuo. De modo que aquí podemos ver que la relación de objeto empieza a disolverse de manera natural en el momento en que pasas al otro lado de ella. Entonces, mientras estoy viendo que solo es una imagen, la contracción retorna a mi pecho, esta vez con un sentimiento de rabia y enfado. Ahora el niño no solo tiene miedo; está enfadado y lleno de furia. Entonces comienza una oscilación de identidad entre lo divino y el individuo. Lo divino ama al individuo, con todas sus dificultades y deficiencias, pero el niño individual está enfadado con lo divino porque ha sentido que le ha abandonado durante los momentos difíciles.

En esta experiencia, la dinámica de la relación personal con lo divino deviene más aparente. A medida que paso de lo personal a lo divino, surge el sentimiento de lo divino amando al individuo. Pero, desde la perspectiva del individuo, el enfado y la rabia reflejan otra parte de la relación de objeto. Reconozco que los sentimientos del niño forman parte de la estructura interna que hemos comentado anteriormente, llamada la bestia, con su odio hacia lo divino. Dice: "Estoy muy enfadado contigo. Estoy enfadado, ¿dónde has estado todo este tiempo? No estabas aquí, especialmente cuando yo tenía dificultades". También puedo sentir que, conectado con el enfado, hay un recuerdo del sufrimiento de mis padres y de sus propios sentimientos de haber sido abandonados por Dios.

De modo que está presente esta oscilación, un ir y venir entre los dos lados de la relación de objeto con lo divino. A medida que ocurre esto, lo que me viene a la mente es el amor de mi padre por mí cuando era este niño pequeño, y lo profundamente herido y enfadado que estaba con Dios. Estoy viendo y sintiendo la herida y el enfado que tuvo mi padre cuando yo tenía unos dos años; creo que hacia los veinte meses tuve la polio. Mis padres lo pasaron mal porque casi me muero. Tenían miedo, aunque la polio solo afectó a una pierna. Y reconozco que cuando mi padre se sintió herido, enfadado, y abandonado por Dios durante aquel tiempo, me identifiqué con él. Veo que mi enfado y frustración hacia lo divino vienen de esta identificación con mi padre. Los sentimientos de mi padre pasaron a mí a través de la identificación con su sufrimiento; aprendí de mis padres cómo sentirme con respecto a la enfermedad.

A medida que veo esto, siento que vuelve a despertar la relación de amor con mi padre. En mi proceso, esta fue la primera vez que recordé su amor hacia mí tan explícitamente. Antes de eso sabía que yo le importaba, pero en realidad no veía ni sentía su amor, de algún modo se había diluido en mi memoria. Aquí, recuerdo claramente volver a ver y a sentir el apasionado amor rosa que experimenté de niño hacia mi padre, y pude ver y comprender su dolor y su decepción, y su enfado con Dios. Así, al explorar la relación entre lo divino y yo se produjo esta reactivación del amor entre mi padre y yo. Porque cuando me convertí en lo divino y sentí el amor de lo divino por el niño individual que yo era, me recordó que mi padre también me quería así.

La mañana siguiente trae un estado de felicidad que continúa la mayor parte del día, aunque siento dolor en el cuello y las piernas. Por la tarde, veo que ya no estoy sintiendo una sensación de identidad; simplemente me siento vacío. Siento que soy un vacío o, con más precisión, que no soy nada. Antes se produjo el cambio de una identidad a la otra, pero ahora todo el sentido de identidad empieza a disolverse, dejándome con el sentimiento de que no soy nada. Pero también tengo una comprensión mejor de este proceso al haber reconocido la relación de objeto entre mi padre y yo. Debido a esto, veo que la relación de mi padre con Dios ha afectado a mi propia relación con cualquier cosa a la que se le pueda llamar Dios o divina.

Y ahora puedo sentir la sensación de un diamante esencial en el trasfondo, un diamante estupa. En el Enfoque Diamante, exploramos la relación entre el amor y la ausencia de límites a través de lo que llamamos un vehículo estupa diamante, que cuestiona y transciende la creencia profunda del alma de que los límites separadores del ego son necesarios para sentirse único e individual. El emerger de un diamante esencial significa básicamente que surge una cualidad esencial aportando una comprensión precisa y objetiva. Hacia el final de la tarde, siento que esta estupa diamante, que es de plata, ha impregnado mi ser. Esto significa que el aspecto voluntad personal aparece como una voluntad que tiene la comprensión precisa y la claridad del conocimiento directo, y puedo sentir su densidad, dureza y plenitud. Se siente similar a la voluntad de la individualidad, pero sin el esfuerzo de la individualidad. El hecho de que surja esta sensación de la verdadera voluntad a medida que se disuelve la relación de objeto muestra que la relación de objeto contenía algún tipo de voluntad.

Al atardecer, estoy cuestionando el deseo de que desaparezca mi individualidad. Como he estado experimentando lo divino, por supuesto que mi deseo de lo divino ha crecido, y con él el deseo de dejar de ser un individuo separado. Esto es lo que he venido sintiendo: "Estoy cansado de ser un individuo. Ya he tenido suficiente. Ya no quiero serlo más. Solo quiero desaparecer". Pero, a medida que surge esta voluntad de desaparecer, estoy empezando a cuestionarla, porque no sé cómo podría estar y funcionar en el mundo si no soy un individuo.

A continuación, la visión de la estupa diamante plateada sale a la superficie de una forma que me sorprende. Pensaba que mi verdadera voluntad era que quería desaparecer, pero el sentimiento que viene, junto con una sensación de calma, es: "Acepto la voluntad de lo divino, cualquiera que sea". Esto muestra una comprensión real de la verdadera voluntad, y veo la rendición que conlleva. No digo lo que quiero; digo: "Cualquier cosa que quiera lo divino, eso es lo que quiero que ocurra".

Mientras estoy tumbado en la cama por la tarde, prestando atención a mi experiencia, siento la plenitud del diamante perlado, que es la esencia personal con una especie de precisión diamantina. Pero, en la superficie, todavía siento un estado de vacío que no entiendo. El diamante perlado es una manifestación de la esencia que aporta una comprensión de lo que significa ser una verdadera persona, pero aquí solo está este vacío, y cuando siento el vacío, no tengo una sensación de individualidad. No hay nada inusual ni sorprendente en el sentimiento: casi es soso. Pero entonces me doy cuenta de que, de hecho, ahí hay una sensación de individualidad, aunque es muy sutil. Es similar a la individualidad del ego, pero no produce ninguna sensación de contracción ni de límites. Esta individualidad sutil es una plenitud que abarca todo mi cuerpo y también va más allá de él. Durante algún tiempo esto no tiene sentido. Entonces noto que el cuello y las piernas han dejado de dolerme. La parte baja de mi cuerpo, y en particular las piernas, estan cálidas y suaves. El dolor ha desaparecido de ellas, y en su lugar queda esta plenitud dulce, amable y suave. Y entonces me doy cuenta de que están llenas de luz divina.

De modo que ahora me experimento como un individuo enraizado en lo divino. No es solo que no haya una sensación de límites, tampoco hay separación entre lo divino y yo. Solo soy una ola en el océano divino. Esto revela la relación personal real con la presencia divina sin límites. Cuando siento la plenitud de mi presencia personal, siento que mi individualidad es continua con lo divino cósmico. Cuando siento lo divino en lo profundo de mí, en mi parte inferior, en el centro del vientre, siento que soy lo divino infinito y omnipresente. Si lo siento en el pecho, en el centro corazón, me convierto es esta presencia perlada que es una extensión o continuación de lo divino. Y entonces se produce el reconocimiento de lo que soy: el hijo de Dios.

¿Qué significa eso, "el hijo de Dios"? Tiene un significado específico en el Enfoque Diamante, y no es el sentido habitual de ser el "retoño de", como el hijo de la madre y del padre que nos dieron a luz. Si digo que soy el hijo de Dios, eso no significa que yo estoy aquí, Dios está en otra parte y Él me dio a luz. Significa que me dio a luz en el sentido de que es mi fuente, es lo que me constituye. Significa que lo divino, el Dios presencia, está aquí, y a partir de este Dios presencia emerge algo individual, algo personal. Y esa es la persona que reconozco como yo mismo en este punto, al tiempo que reconozco que soy ambos, esta persona y Dios simultáneamente.

Ha habido mucha discusión teológica sobre la encarnación de Jesucristo y el significado de referirse a él como el hijo de Dios. Algunos dicen: bien, eso simplemente hace referencia a un ser humano que tiene un espíritu divino. Y otra gente dice: no, él es realmente Dios encarnado, porque es de la misma naturaleza que Dios. Yo no sé si mi experiencia aborda estas cuestiones, pero lo que me muestra es que ser el hijo de Dios es reconocer que soy ciertamente de la misma naturaleza de Dios. Yo soy Dios, pero Dios apareciendo como un individuo entre individuos, mientras que al mismo tiempo sigo siendo esta presencia ilimitada. Es como una montaña sobre la Tierra. La montaña forma parte de la Tierra, y en ese sentido podrías decir que la montaña es "la hija de la Tierra".

De modo que soy ambos, lo infinito y lo individual. Y esto da sentido al proceso por el que he pasado para llegar a entender mi relación personal con lo divino. Comenzó con la experimentación de mi individualidad ego como la contracción y tensión de la línea del ego alrededor de mi cuerpo, que puede ser tan fuerte y sólida como un ladrillo, y en mí se manifestó psicológicamente como un hombre que se siente fuerte y está enfadado con Dios. Debajo de esa relación de objeto había otra: un niño atemorizado que ama a su padre y lo toma como modelo. Ver y sentir el amor de lo divino por el individuo sacó a la luz el amor entre padre e hijo, y esto disolvió la individualidad ego. Entonces emergió la estupa diamante de plata, que es un estado de rendición a la voluntad divina. Esto permite que aparezca la esencia personal, la perla, el verdadero individuo que está conectado con el océano divino siendo una manifestación de él.

Este estado es una experiencia de plenitud enraizada en el ser divino, con una mente que está vacía, clara y llena de diamantes. Una perla con su centro conectado con lo divino y la parte inferior del cuerpo enraizada en lo ilimitado. El sentimiento es: "Yo soy la persona divina. Yo soy el hijo de lo divino".

Esta exploración de la relación personal con lo divino —incluyendo las relaciones de objeto que contiene— nos lleva a la verdadera relación entre el alma individual y el ser divino o verdadera naturaleza. Es como si el amor, que es un océano infinito, se configura en cierto lugar como un emerger personal, un ser personal, una perla. Así, el alma individual se experimenta como una manifestación particular y encarnada de la verdadera naturaleza.

De modo que os he dado un ejemplo de cómo mi relación personal con mi padre afectó a mi relación personal con lo divino. Por supuesto, la dinámica podría no ser la misma con tu padre; puede haber variaciones. Esto es algo que tienes que explorar.

SESIÓN DE PRÁCTICA
TU RELACIÓN CON DIOS

Ahora tienes una oportunidad de examinar tu relación personal con Dios y cómo a esta le ha afectado tu relación con tu padre. Esto va a ser un monólogo de quince minutos, pero durante él vas a explorar la relación desde dos perspectivas distintas: la tuya y la de Dios. Trabaja con un compañero o en un grupo de tres si es posible. Si estás solo, puedes anotar tu exploración.

En el monólogo, considera cómo te sientes con relación a Dios, lo divino o la verdadera naturaleza. Habla con lo sagrado y nota qué sentimientos surgen: tal vez te sientas enfadado, herido, bendecido, agradecido, confundido. Tal vez te sientas cerca de él o totalmente distante. En algún momento, considera cómo sería ver esa relación desde el punto de vista de Dios. ¿Qué tendría que decirte el ser divino? ¿Cómo describiría la relación que tenéis vosotros dos? Mira lo que ocurre si hablas por lo divino. Una vez más, toma nota de cómo te sientes cuando hablas desde ahí. Si hay tiempo, es posible que quieras seguir cambiando de perspectiva hasta que se convierta en un diálogo.

A continuación, tus compañeros y tú podéis tomar diez minutos para reflexionar juntos sobre las dos o tres exploraciones. Si estás trabajando solo, reflexiona sobre tu monólogo.

¿Puedes ver que tu relación personal con lo divino puede haber revelado las relaciones de objeto que están asociadas a ella? ¿Ha reflejado específicamente algo sobre la experiencia de tu relación con tu padre? ¿Ha afectado la relación de amor con tu padre, o su ausencia, a tu relación de amor con lo sagrado?

... ...

PREGUNTAS Y COMENTARIOS

Alumna: Estoy sintiéndome muy alterada, y necesito tu ayuda para discriminar. Porque, tal como lo he entendido en el pasado, cuando he dialogado directamente con lo que sentía como mi yo superior o mi guía, hablando con él, mi experiencia fue que, en cierto sentido, Dios me estaba hablando. Sentía una presencia divina. Sentía una profunda confianza. Sentía una especie de fusión y rendición, como si estuviera en presencia de lo divino. Por eso, todavía no lo tengo claro: tengo la sensación de que a veces puedes hablar con Dios y sería una relación de objeto, como estar hablando con tu padre o con tu madre. Pero, a veces, realmente hablas a la pequeña apertura que tienes de contacto con la divinidad, sea lo que sea. Ello habla a través de ti y puede guiarte en tu vida, serenamente, o podrías tener la sensación de hablar con ello. Así, para mí, hay una verdadera discriminación entre estar en presencia de lo divino, hablando con lo divino, comoquiera que ocurra ese milagro, y tener un diálogo con las relaciones de objeto que has proyectado sobre ello. Necesito más ayuda con esto porque me he sentido muy agitada haciendo este ejercicio, pues he sentido que *puedo* hablar a una divina presencia. Y no es mi padre ni mi madre. O podría estar hablando a mi proyección de lo divino. De modo que, ahora, estoy preocupada por si pudiera estar engañándome y necesito que me des seguridad.

A. H. Almaas: Lo que dices es verdad. Puedes tener algún tipo de relación con lo divino en el sentido de que hay un diálogo. O, de hecho, podría ser un diálogo de relación de objeto. La mayor parte del tiempo es una mezcla, lo mismo que todo lo demás. Así, tal como estábamos haciendo el ejercicio, el objetivo era clarificar esa relación de objeto a través del diálogo de ida y vuelta, y averiguar qué está implicado en ella. De modo que, con el tiempo, el diálogo que puedas tener sea más un diálogo real, y en él cada vez habrá menos de la relación de objeto. Descubriremos que, a medida que haya menos relación de objeto, después de un tiempo el diálogo derivará en un monólogo. Entonces, en algún momento, ya no hay dos. Mientras haya dos, hay algún tipo de relación de objeto.

Alumna: Bien, esto trae a colación la otra parte. Mi guía me ha venido diciendo, desde hace años —y me enfoqué plenamente en ello el pasado verano—, que era el momento de dejar de dialogar y era tiempo de *ser* la guía. De modo que he dejado de dialogar y he tratado de sentir momentos en los que yo soy eso. De algún modo, he sentido que tal vez te haya malinterpretado, y que tú sentías que ese no es el camino, o que no es bueno hacer lo que yo he estado haciendo.

AH: No. Creo que debes continuar siguiendo esa guía, pero no tienes por qué ser completamente rígida. De modo que, cuando haya ocasión de aprender algo de un diálogo, empréndelo. La guía nunca es rígida. La guía te puede decir que es mejor hacer algo de esta manera, pero de vez en cuando podrías no seguirla.

Alumna: La sentía como una verdadera dependencia, una adicción que he estado tratando de soltar...

AH: Sí, podría serlo, de modo que lo que has venido haciendo está bien. Deberías seguir con eso. Pero digo que, si empiezas a experimentarte a ti misma como una persona, hay dos maneras de trabajar: podrías explorar la persona, tu identificación, ¿correcto? O podrías mantener un diálogo con la persona hasta que el diálogo se funda.

Alumna: De acuerdo. Ya lo entiendo mejor. Gracias.

Alumno: He tenido una experiencia interesante de ir muy profundo. He sido el último de los tres, y he sentido que, cuando yo era Dios hablándome a mí mismo, no podía verme. Así, mi experiencia habitual de Dios es que Él no está ahí, pero cuando yo he hablado por lo divino, me sentía más magnánimo y enorme. De modo que he dicho: "Estoy aquí, y todo lo que tienes lo has obtenido de mí". Porque la mayor parte de mi vida he sentido como una lucha, cosas que *tenía* que hacer. Y no he tenido a Dios para ayudarme. He estado solo.

AH: Correcto.

Alumno: Y luego, al continuar, me he dado cuenta de que he sido servido por Dios. Y hacia el final, he descubierto que, conforme hablaba como lo divino, las respuestas a mis preguntas venían muy rápido. Entonces las respuestas no eran necesarias. Y ni siquiera las preguntas eran necesarias. De modo que he sentido una verdadera fusión con eso, mucha energía en mi cuerpo y ya no era necesario tener las dos perspectivas, en una especie de afirmación de que la guía realmente me ha servido en mi vida. De algún modo, yo estaba luchando contra reconocer eso.

AH: Es un buen reconocimiento. Es interesante cuando haces un ejercicio como este y realmente funciona. Es como que se difumina: empiezas con dos perspectivas sobre la relación, pero, a medida que empieza a funcionar, después de un tiempo, la dualidad de esas perspectivas podría dejar de ser relevante. A medida que avancemos en este proceso de trabajar la relación personal con Dios, verás que haces el proceso, pero después el proceso se difumina. Y la parte por la que empezaste empieza a hacerse innecesaria.

Alumna: He tenido una experiencia muy conmovedora. Para mí, Dios el objeto era…, rápidamente he tenido la sensación de que yo no le importaba, porque o bien no podía, o tal vez no quería iluminar mi mundo, no tenía interés en hacer mi mundo más cálido. Yo tenía una intención muy positiva, pero me mostraba realmente pasiva y autocentrada, y no quería hacer nada. En realidad, no quería el trabajo de ser Dios. Y veo que paso buena parte de mi tiempo dando vueltas en mi mundo —he tenido la imagen de encender velas y linternas— intentando iluminar mi mundo y hacerlo más cálido, y este proceso es verdaderamente fútil. Hacer eso exige mucha energía. Y, en ese punto, al darme cuenta de que Dios el objeto no quería ni podía estar allí, he sentido un alivio increíble. Como si ya no tuviera que volver a llamar a esa puerta e intentar conseguirlo de Él. En cierto sentido, he mantenido mi mundo gris con la esperanza de que Él lo iluminara y lo hiciera más cálido. Así, después de sentir el alivio, me he planteado: "Bien, ¿qué voy a hacer ahora? Encender esas velas y linternas no me llena. Intentar que Dios lo haga, que Dios el objeto lo haga, tampoco vale". Y en ese momento, he sentido que no había nada que hacer sino simplemente ser ello. Sencillamente, podía dejar que irradiara desde dentro de mí hacia el exterior. E incluso, en cierto sentido, lo que he venido haciendo con este trabajo: intentar recordar estar presente y en el momento, y prestar atención a las flores y trabajar para estar presente, es otro modo de encender velas y linternas, de intentar conseguir algo. Y este era un lugar diferente de realmente ser, sin tener que hacer nada.

AH: Eso es. Generalmente, hay dos maneras de llegar a esa comprensión: yendo dentro o a través de una relación personal que se va difuminando. La gente va por un camino o por el otro. En nuestro trabajo, lo hacemos principalmente a través de la autorrealización, pero introducimos la parte personal como un elemento que ayuda a lidiar con parte de esa identificación.

Alumno: Lo que este ejercicio ha hecho..., ha sido un ejercicio muy difícil. Era como si nos pidieras que hiciéramos dos cosas distintas: hablar con algo que es imposible de conceptualizar —Dios— y después hablar también a una realidad internalizada, el padre. Lo que ha surgido para mí son más razones para seguir dudando de la existencia de Dios. Pero, la tercera parte de la pregunta, que es cómo refleja esto mi relación con mi padre, es que siento que ambos son el número cinco del eneagrama. Ambos son muy de retener. Y cuando yo me convertí en..., sonríes...

AH: Es divertido que Dios esté fijado.

Alumno: Entonces, lo voy a desfijar. Pero, en mi experiencia, al hacer el ejercicio de la manera correcta, he mantenido este paralelismo. Y seguía viniéndome la figura de mi padre, que es muy de retener, implosivo. Y él no..., él lo tuvo muy difícil. Ni siquiera sé quién era. De modo, que cuando yo era Dios, cuando me convertí en Dios, fue apasionante. Y la persona que me ha dado el *feedback* también ha apuntado que yo era muy cáustico. Cuando yo era Dios hablándome a mí mismo, me dije: "Vas a tener que dejarte la piel trabajando para conocerme. Y para llegar a verme. Y para llegar a sentirme". Este es el trabajo que estoy haciendo con mi profesor privado, y tengo miedo de que, si voy realmente profundo, no habrá un yo espiritual. Sé que esto es una identificación con mi padre. Pero la persona que me dio el *feedback* también me dio seguridad al decirme: "Mi sensación es que realmente quieres encontrar a Dios". Y yo también creo que quiero encontrarlo. Pero es muy difícil confiar en Él. Y es muy elusivo. Yo solo me relaciono con las cosas tangibles. De modo que creo que parte de mi trabajo es permitir esa intangibilidad y confiar en ella.

AH: Sí, y es bueno que hayas visto que, cuando exploras tu relación con lo sagrado, ahí entra la relación con tu padre. Eso es lo que le ocurre a todo el mundo, no se puede evitar.

Alumna: El problema en mi indagación es que no he podido hablar en nombre de Dios. He empezado a hablar en el ejercicio, y al hablar, me he dado cuenta de que hablar a Dios era como hablar a mi padre. Mi padre me ofreció abrigo, comida y ropa, pero no era accesible. Y lo que me ha venido era una noche poco después de la muerte de mi madre. Hablé por teléfono con mi padre. Él vivía lejos, y le dije que realmente quería llegar a conocerlo. Que, como mi madre ya no estaba con nosotros, por fin teníamos una oportunidad, tal vez, de amarnos mutuamente. Y él murió esa noche. Y no sé si creo que Dios está muerto, o si simplemente yo no seré capaz de llegar a algún..., ohhh... Me da miedo pensar que Dios está muerto y que ahí fuera no hay nadie. Y lo único que tengo, si hay un Dios ahí fuera, es lo mismo que mi padre me dio cuando era niña: abrigo y dinero, y coches. Pero no tengo una conexión. No siento la conexión. Sigo viniendo aquí con la esperanza de encontrar la conexión o de encontrar el camino para llegar a ella. En el fondo pienso que, en realidad, no creo que Dios exista, o si existe, está muerto, como mi padre, y yo no tendré una conexión con él.

AH: Yo no sabía si había un Dios ahí fuera o no. Pero sentí: si la verdad está ahí fuera, voy a encontrarla. Simplemente averiguar. No necesitas creer en nada. Nosotros no trabajamos con creencias. Algunas personas dicen que la verdad está ahí fuera, en lugar de aquí dentro.

Alumna: Ha habido un par de cosas que me han sorprendido. En lo tocante a mi padre, él era muy dulce. No estaba disponible, pero yo le quería mucho. Y creo que él también me quería. Y cuando me hablé a mí misma como Dios, me sorprendió que Dios parecía ser mucho más expansivo, cálido, abierto al contacto y disponible de lo que fue mi padre. Es verdad que Dios es considerablemente más estas cosas de lo que fue mi padre. Y la otra cosa que me resultó sorprendente fue que noté que parecía separarme del pasado. Noté que Dios, como lo divino, parecía muy informe, muy radiante y amoroso. Por otra parte, la capacidad de manifestar, que parecía algo muy separado, es algo muy variable en mi experiencia. No es algo propio de mí. Pero cuando miro atrás por encima del hombro, hay muchas evidencias de que en mi vida ha habido una provisión abundante de todas las cosas maravillosas. Pero no lo veo en el momento. Solo lo veo mirando atrás.

AH: Bien, tal vez una cosa que puedas hacer es mirar desde allí. A ver qué ocurre.

DIEZ
Rendición

Uno de los maestros espirituales que entendió ambas perspectivas, personal y no personal, del trabajo espiritual fue Ramakrishna. Aunque estaba familiarizado con el camino místico de la realización de Dios a través de la autoaniquilación, durante buena parte de su vida prefirió un enfoque más personal y religioso. Él lo explicaba diciendo: "Yo no quiero ser azúcar. Yo quiero saborear el azúcar". En el enfoque místico, tú te conviertes en la realidad: tú eres la divinidad, tú eres lo sagrado, tú eres la naturaleza esencial. En el enfoque personal, es mucho más que tienes una conexión con lo sagrado, sientes que estás en contacto con ello y que lo saboreas. Aquí nuestro enfoque es principalmente el camino místico de la autorrealización, pero también vemos un lugar para el enfoque personal. Hemos visto que puede ser útil complementar el enfoque místico, lo que hace el camino de la autorrealización más posible y eficaz. De modo que, en nuestro trabajo del Enfoque Diamante, tenemos muchas facetas y muchos elementos. A veces, nuestro enfoque conlleva una discriminación muy precisa y epistemológica. Otras veces podemos ser devocionales y trabajar con una actitud de abandono extático, con el canto extático. A veces, nuestra indagación es juguetona, y esta indagación juguetona puede pasar por alto el intelecto y tener un impacto directo, tal como hacen las prácticas Zen. Veremos todos estos planteamientos a medida que vayamos pasando por las dimensiones ilimitadas; cada uno de ellos tiene un sabor distinto, una cualidad distinta.

Al explorar la dimensión ilimitada del Amor Divino, la mayor parte del tiempo hemos seguido el enfoque místico hacia la autorrealización. Así, sabemos que este es un aspecto de nuestro trabajo: exploramos nuestra experiencia en el alma, descubrimos cuál es nuestra verdadera naturaleza, y esta verdadera naturaleza se convierte en nuestra verdadera identidad. Somos, por tanto, naturaleza esencial; somos amor divino; somos el ser supremo. Pero nuestro trabajo también tiene otro lado: llevar esa verdadera naturaleza al mundo como ser humano. Y ese es el lado al que llamamos personalización. Ocurre en nuestro trabajo con todos los aspectos y en todas las dimensiones. Con cada aspecto, en primer lugar lo experimentas y lo realizas en tu propia alma, y a continuación el reto consiste en encarnarlo en el mundo. A medida que sigues trabajando en reconocer tus identificaciones, pasas por la concha vacía, que conduce a la autorrealización cuando reconoces plenamente que lo que tú eres es verdadera naturaleza. Y entonces ocurre este otro proceso, en el que la verdadera naturaleza queda personalizada a medida que la encarnas en el mundo como ser humano. De modo que estas dos facetas —autorrealización y personalización— ocurren a todos los niveles de nuestro trabajo, en el nivel personal y en cada una de las dimensiones ilimitadas. El proceso de personalización forma parte de lo que llamamos actualización de la realización.

Podría parecer paradójico que el proceso inicial de trabajar para liberarnos a nivel personal —liberarnos de las relaciones de objeto y de nuestra relación personal con lo divino— conduce en último término a la personalización de nuestra realización. Pero, ahora, esta es otro tipo de personalidad, cuando la aseidad que es nuestra verdadera naturaleza se convierte en una persona en el mundo *sin* perder su identidad interna con el verdadero ser. Esto es lo que hace que la autorrealización sea relevante para la humanidad, relevante para el ser humano que está viviendo una vida normal. Y este es nuestro planteamiento para vivir una vida normal. No es accidental que las tradiciones occidentales tiendan a valorar la vida personal más que las tradiciones orientales, porque Occidente pone más énfasis en el enfoque personal hacia la espiritualización.

De modo que está esta evolución de nuestro enfoque personal hacia el ser. Primero, la relación produce un sentimiento personal de amor por, y de conexión con, el ser. En algún momento hay un sentimiento de unión. Y a continuación en último término, nos convertimos en una extensión del ser, una expresión individual de la aseidad. Pero recuerda lo que dije: Ser no es una cosa en particular. En este momento lo estamos explorando desde la perspectiva del amor divino, de modo que estamos llamándolo ser divino. Pero eso no significa que cada vez que nos relacionamos con el ser, o nos experimentamos a nosotros mismos como el ser, las cosas son así y no hay nada más con respecto a lo divino o al ser. Porque, en este sentido, el ser no tiene un final. No tiene una forma final.

Los sufíes toman esta declaración: "Dios es más grande". Muchas personas entienden que la llamada a la oración musulmana, *Allahu Akbar,* significa "Dios es grande" o "Dios es el más grande". Pero una traducción más precisa sería: "Dios es más grande", lo cual expresa la idea de que "Dios es más grande que eso que tú habías imaginado". De modo que los sufíes dicen: "Cada vez que experimentamos a Dios, recordamos que Dios es más grande que eso". Lo que Dios es no tiene final, y por lo tanto tú no acabas nunca, y por eso nunca deberías constreñirte. Este dicho sufí de "Dios es más grande" es lo mismo que la apertura de la indagación, donde nunca llegas a una conclusión. Ves la verdad y reconoces la verdad como lo que estás experimentando ahora, pero tu mente no entra ahí y dice: "Bueno, esto es todo, la puerta está cerrada". La verdad siempre tiene la posibilidad de expandirse.

No deberíamos olvidar que en el ser hay muchas dimensiones, de modo que en el Enfoque Diamante es posible que primero experimentemos el ser como puro ser. En mi experiencia, primero se presentó como ser divino, y después lo experimenté como ser supremo, después como ser sin nombre, y después se convirtió en ser absoluto. A continuación, se convirtió en ser no dual, y después en ser no local. Cada uno de ellos más misterioso que el anterior. Para cuando llegamos al ser absoluto, ya estamos perdiendo cualquier posibilidad de posicionarnos con respecto a él. Y cuando con el tiempo llegamos al ser no local, la mente no tiene nada a lo que agarrarse en absoluto. Eso abre verdaderamente el desarrollo y le permite ser completamente de final abierto. Porque el ser no tiene fin, como Gurdieff dejó claro al llamarle: "Su sinfín-idad". En lugar de "su majestad", él dijo "su sinfín-idad". Ves, realmente no tiene fin. Lo mismo ocurre con el *Ain Soph* kabalista. Algunos lo interpretan como "el infinito", pero su significado literal es "sin fin".

Cuando usamos el enfoque religioso de manera objetiva como parte de nuestro desarrollo, como parte de la indagación del alma individual que se dirige a la verdad, no tratamos con una verdad que está fuera de nuestra alma, no consideramos que Dios está allí fuera. Considerar que la verdad, la realidad sagrada o Dios, están fuera, o preguntarse si lo divino está dentro, significa que todavía crees en tus límites separados. La verdad no está dentro ni fuera; es ambas cosas y ninguna de ellas. Esa es la verdad de la ausencia de límites: significa que está en todas partes. Y cuando llegamos a la no localidad, reconocemos que, la cuestión del *dónde* es irrelevante. La cuestión de dónde está la verdad, si está dentro o fuera, significa que crees que el espacio es un atributo último de la verdad, y no lo es. De modo que cuando te diriges a la verdad o cuando la amas, no piensas que está fuera ni dentro de ti. Simplemente, te entregas a la verdad. Eso abre la puerta a que la verdad se revele a sí misma.

El corazón del enfoque religioso es la oración. Tradicionalmente, esto ha significado arrodillarse, juntar las palmas de las manos e inclinar la cabeza. Pero la oración puede tomar distintas formas, entre las que se incluyen el canto, la invocación y la danza. Lo esencial es la actitud. A medida que rezas, la oración revela la verdad con respecto al que está rezando: como individuo separado, tú no eres la fuente de ninguna bondad. La fuente de la bondad es el ser mismo, la verdadera naturaleza en sí misma. Ya nos hemos cuestionado antes de dónde viene la esencia: algunas personas la ven como que viene de dentro de ellas y otras como que viene de fuera. Pero, en realidad, viene de la presencia del ser, que está por todas partes, tanto si la llamamos ser divino, ser supremo o verdadera naturaleza.

A medida que rezamos, la actitud de la oración es de humildad, una renuncia a la arrogancia, una renuncia al orgullo, soltar la voluntad personal, soltar la sensación de "yo sé; yo sé qué hacer". Significa reconocer el propio desamparo, reconocer "no puedo hacerlo por mi cuenta". Porque es verdad, el alma separada no puede. El alma separada obtiene todas sus cualidades y bondad de la naturaleza esencial. En cuanto nos consideramos un alma separada, nos desconectamos de nuestra fuente, y entonces somos deficientes. Y la oración muestra eso; expone esta deficiencia inherente del ego. A medida que rezas, vas reconociendo esto.

La creencia de que eres una entidad separada puede ser vista como el pecado original, el pecado último. Y podrías decir que, a cada actitud, a cada acción que emprendemos que no expresa nuestra verdadera naturaleza, se le podría llamar pecaminosa. Ese es el significado de pecado de acuerdo con el trabajo que hacemos, no de acuerdo con la religión tradicional. Según la religión tradicional, pecado significa que has hecho algo contra Dios, algo malo, algo equivocado, y que deberías ser castigado por ello. Desde la perspectiva de nuestro trabajo, pecar significa no expresar la verdad, no expresar tu verdadera naturaleza. Significa no ser auténtico, ser fingido, ser falso. Es cuando crees ser algo que no eres, y en algún momento te das cuenta de que te estás experimentando a ti mismo y estás actuando de un modo que no expresa la verdad de la realidad.

En la oración, el alma asume una actitud de humildad, una actitud objetivamente humilde y tomada con sinceridad, y reza a una realidad que sabe que es mayor que ella y que es la fuente de todo alimento posible, de amor, transformación, liberación y redención. La gracia viene de la verdadera naturaleza; la aceptación viene de la verdadera naturaleza; el amor viene de la verdadera naturaleza; el perdón viene de la verdadera naturaleza; el apoyo viene de la verdadera naturaleza. Y podemos poner la verdadera naturaleza fuera —proyectarla fuera y rezarle como si fuera Dios, como hace alguna gente—, o podemos verla como algo que está dentro de nosotros, que ha de ser realizado. En verdad está en ambos lugares, porque está en todas partes y siempre es una e indivisible.

Esta es la base de por qué la oración funciona cuando realmente te involucras en ella. La oración funciona cuando empiezas a reconocer objetivamente tu posición. A medida que rezas, reconoces más y más tu situación y tu desamparo, y los reconoces de un modo emocional que funde tu corazón. Este reconocimiento es como un despliegue, y te despliega exactamente como lo hace la indagación. La verdadera oración objetiva te despliega hasta que ves la verdad. Y cuanto más ves la verdad, más entras en la oración, y más se produce la rendición desde un lugar muy profundo y sincero.

También hemos visto la importancia de resolver nuestras relaciones de objeto y los patrones condicionados de nuestra personalidad como parte del enfoque personal y religioso hacia lo divino, puesto que esto también lleva a la rendición de la persona a la verdad sagrada. He descrito que ver el amor de lo divino hacia el individuo sacó a la luz el amor entre padre e hijo, y es lo mismo entre padre e hija. También puede ocurrir en el otro sentido: a medida que reconoces el amor entre tu padre y tú, la relación con lo divino puede ser más amorosa. En cualquier caso, esto hace que la individualidad, la persona, comience a disolverse. En mi propia experiencia, este proceso produjo la estupa diamante de plata, que conlleva un estado de rendición a la voluntad divina. Esto permite que surja el verdadero individuo, la esencia personal, con su sentimiento de conexión con el océano divino. Rendir la voluntad personal a lo divino libera la verdadera voluntad, que forja la conexión con lo divino.

Es importante resolver estas relaciones de objeto, entre tu madre y tú y entre tu padre y tú, de modo que cualquier relación imaginaria que tengas con la realidad sagrada, con la verdad, con Dios, lo divino o la verdadera naturaleza —comoquiera que desees llamarlo— pueda experimentarse como una relación de confianza, una relación de amor y rendición. La razón por la que esto es tan importante es que, para que el individuo, el yo separado, suelte y deje ir, para que se disuelva y reconozca su verdadera naturaleza divina, primero tiene que rendir su voluntad. Y la personalidad, el individuo, no rendirá su voluntad fácilmente. Sabemos por experiencia que solo entregamos nuestra voluntad individual cuando reconocemos que estamos siendo amados de manera personal por aquello con lo que nos estamos relacionando. De otro modo, nos resulta demasiado difícil confiar y dejar ir. De modo que tenemos que sentirnos amados personalmente por el ser, por nuestra naturaleza esencial, por Dios, por lo divino, por la verdad. Tienes que sentirlo como un amor por ti, a nivel personal, antes de poder soltar y rendirte a él.

Y cuando reconoces que sí, esta naturaleza que amo también me ama a mí, entonces, ¿qué sentido tiene resistirse? ¿Qué sentido tiene intentar aferrarse? ¿Qué sentido tiene decir: "Tengo que usar mi voluntad para conseguir lo que quiero"? Reconoces que estás en buenas manos. Y el hecho de que la individualidad esté intentando aferrarse permite que surja la gracia como amor divino, que entonces funde la separación y nos conecta con lo divino. Es comprensible que no creamos que la gracia surgirá para nosotros, ni nos tocará, si no creemos que el ser divino nos ama, porque la gracia es amor que emana del ser divino. El amor divino es el amor del ser, el amor de la verdadera naturaleza. Si el individuo está engañado con respecto a quién y qué es, parte de la ilusión será que la verdadera naturaleza no ama a este individuo. Así que, dentro de esa ilusión, el individuo tiene que empezar a sentir que: "Esta realidad a la que me estoy rindiendo me ama". De otro modo, ¿por qué rendirse? Y para que nosotros seamos capaces de hacer eso, tenemos que seguir trabajando en y a través de nuestra relación con nuestros padres, porque eso determina todas nuestras relaciones posteriores, incluyendo nuestra relación con Dios o con la verdadera naturaleza.

SESIÓN DE PRÁCTICA
RENDICIÓN Y VOLUNTAD SEPARADA

En el ejercicio siguiente, explorarás tus experiencias en torno a la cuestión de rendir tu voluntad separada. El ejercicio será un monólogo, de modo que practicad en grupos de dos o tres, y cada uno de vosotros indagará durante quince minutos. Si estás solo, puedes tomar quince minutos para anotar la indagación.

Considera las preguntas siguientes y elige cualquiera de ellas para empezar la exploración. Mantente abierto sobre a dónde te conduce mientras sigues la verdad de tu experiencia.

¿Crees que necesitas usar tu voluntad separada para conseguir lo que deseas?

Con respecto a encontrar la realización espiritual, ¿crees que tienes que usar tu voluntad personal a lo largo de todo el camino y que tienes que liberarte a ti mismo?

¿Implican tus respuestas a estas preguntas que no te sientes amado personalmente por el ser, que crees que vives en un mundo que carece de un Dios amoroso?

¿Cómo te sientes ante la posibilidad de ceder y rendirte? ¿Crees que te sentirás acogido? ¿Qué más crees que podría pasar?

PREGUNTAS Y COMENTARIOS

Alumno: En mi caso, parece que la falta de capacidad de rendir mi voluntad está incorporada dentro de mí. Forma parte de cómo me considero a mí mismo. Parece que tengo que irme para que eso pueda llegar a ocurrir. Y dentro de la identidad, parece haber una rabia y una tristeza tremendas con respecto a este hecho. Hay esta especie de apego irrevocable a la identidad. ¿La cuestión es simplemente estar en compañía de ese apego? Una vez más, y otra, y otra...

A. H. Almaas: Sí. Y entenderlo. Estás apegado a ella porque todavía no entiendes que eso no es el verdadero tú. De modo que, cuanto más entiendas que en realidad eso no eres tú, que solo es una estructura creada por tu mente, más fácil te resultará soltarla.

Alumno: Pero el verdadero yo es tan espacioso. Es solo... Tal vez esté experimentando la concha, pero entonces siente como un vacío.

AH: Entonces, ¿dices que es espacioso?

Alumno: Sí. Siento como si lo que viene no tuviera ninguna estructura.

AH: Dale la oportunidad de que te la muestre. Dios no revela toda la verdad de una vez, ¿sabes? Es demasiado revelarlo todo de una vez. Inicialmente se necesita espaciosidad para que surjan cosas nuevas.

Alumno: De acuerdo. Gracias.

Alumna: Todavía estoy un poco confusa, o muy confusa, con respecto a por qué mi padre tiene que aparecer tanto al hablar de Dios, de lo que llamamos Dios. He podido ver que, cada vez que experimento el infinito amor de Dios, entonces esta parte del padre entra y produce rechazo, o distancia, o cosas así. ¿Y por qué es mi padre? Es una capa muy narcisista que se siente como el padre, al menos para mí.

AH: ¿Por qué surge el padre en la relación con Dios?

Alumna: Sí.

AH: En realidad, no lo sé seguro. En primer lugar, hemos trabajado la parte de la madre, tú relación con tu madre y el entorno cercano. Es posible que esa parte esté más trabajada que la relación con tu padre. De modo que el padre surge porque el trabajo no está terminado. Esto es una posibilidad. Asimismo, en nuestra tradición, en toda la tradición occidental, generalmente se ve a Dios como el padre. De modo que es algo que está en la cultura, y tal vez el trasfondo cultural pueda afectar a que pensemos en Dios más como un padre. Eso también es posible. De modo que tendemos a proyectar sobre Dios más a nuestro padre que a nuestra madre. La mayoría de las personas parecen alternar —a veces el padre, a veces la madre— con relación a la realidad.

Alumna: Antes también has hablado de "su [de él] infinitud". De modo que siempre hay este él, y es padre.

AH: Sí. Esto es lo que dijo Gurdjieff: "Su [de él] eternidad". Correcto.

Alumna: En cierto sentido, esto es un poco molesto para mí.

AH: ¿Lo es?

Alumna: Sí.

AH: Correcto. El lenguaje, tradicionalmente, lo ha expresado así. Eso podría hacerlo más fácil. Predispone a la gente a pensar de esta manera, a tener a su padre proyectado sobre...

Alumna: Y sigo teniendo curiosidad por si hay una verdad más profunda en cuanto a lo que el padre representa.

AH: Eso es interesante, sí. Así, estoy seguro de que los tradicionalistas dirían que sí. Y si hablas con un cristiano realmente tradicional, dirá que, por supuesto, Dios es el padre: es masculino. Ahora bien, ¿es esto verdad o no? Esta es una buena pregunta. Sé que, en la tradición musulmana, a Dios no se le atribuye género. No obstante, cuando lo hacen, dicen "él". Dicen que Dios no es masculino ni femenino, pero al mismo tiempo se refieren a Dios como "él". No quieren decir "ello" porque se supone que Dios está vivo, entonces, ¿qué hacer? Puesto que fueron hombres, supongo, quienes desarrollaron principalmente estas cosas, hablan de "él". Pero creo que cuanto más llegas a las dimensiones ilimitadas, verás que surgen tanto el padre como la madre. Y Dios es femenino, masculino y neutro. Pero antes ya hemos trabajado la relación con la madre y ahora estamos enfocándonos en la relación con el padre. Esta podría ser una de las razones por las que está surgiendo.

Alumna: De modo que el padre no está necesariamente más conectado con lo ilimitado, ¿o las barreras atañen más al padre?

AH: No necesariamente, no. El padre no está necesariamente siempre conectado con la dimensión ilimitada.

Alumna: Gracias.

Alumno: Por favor, ¿podrías decir algo más sobre la rendición? He descubierto esta parte enfadada y rechazada de mí, y tengo que entregarla. Y no sé cómo hacerlo.

AH: Tú no entregas eso. Es eso lo que tiene que entregarse o rendirse. Cuando tú te rindes, eso significa que es la persona que dice: "No, que te jodan", esa es la persona que en algún momento se convierte. Esta es la manera personal de hacer cosas, este es el enfoque religioso. Pero el enfoque de la autorrealización, el enfoque místico, consiste simplemente en explorar esa parte. A medida que la exploras, ves que es una imagen, y empieza a disolverse. De modo que te permites sentirte enfadado y todo eso, y dejas que ocurra, dejas que se despliegue y lo entiendes. Entiendes la relación que hay en ello, dejas que se resuelva por sí mismo.

Acabaré con un poema que expresa el sentimiento de que necesitamos ver que el amor divino nos da la bienvenida y nos acepta tal como somos para poder relajarnos, soltar y sentirnos acogidos. Se llama *Amor*, es de George Herbert y es de comienzos del siglo XVII.

Amor

El amor me dio la bienvenida: pero mi alma se echó atrás,
culpable de polvo y pecado.
Pero el rápido ojo del amor, observando que yo aflojaba,
desde mi primera entrada,
se acercó a mí, preguntándome dulcemente
si me faltaba algo.

—Un invitado —respondí— que merezca estar aquí.
El amor dijo:
—Tú serás él.
—Yo, ¿el duro, el ingrato? Ah, querido mío, yo no puedo
mirarte.
El amor tomó mi mano, y sonriendo, respondió:
—¿Quién hizo los ojos sino yo?
—Verdad, Señor; pero yo los he echado a perder; deja
que mi vergüenza
vaya donde merece.
—Y no sabes —dijo el Amor—, ¿quién cargó con la culpa?
—Querido mío, entonces serviré.
—Debes sentarte —dice el Amor— y saborear mi carne.
De modo que me senté y comí.

ONCE
El don de la gracia

Hemos visto que el Amor Divino es la dimensión de nuestra verdadera naturaleza que revela los secretos de la rendición. Aprender sobre el amor divino y practicar esta manera de experimentar el ser puede ayudarnos a entender algo muy importante sobre la práctica espiritual, el camino interno, y nuestra forma de ver las cosas inexplicables que ocurren en nuestra vida: a saber, el significado de la gracia, o de la bendición. Hablé de la importancia de la gracia en el capítulo anterior, donde vimos que solo confiaremos en la gracia si creemos que el ser divino es amor y nos ama. Ahora quiero enfocarme más en la importancia de entender la gracia, porque, en verdad, no es posible entender cómo funcionan las prácticas espirituales sin conocer la acción de la gracia. En otras palabras, sin gracia, ninguna práctica puede funcionar. Ninguna liberación puede ocurrir sin el don de la gracia, sin esta acción amorosa de la verdadera naturaleza. A menudo, al comienzo del camino esto no nos queda claro, y hace falta mucha experiencia y maduración para apreciar esta verdad.

Muchas de las cosas difíciles que ocurren en nuestra vida son bendiciones disfrazadas. A menudo, hace falta algo de tiempo y de entendimiento para poder ver la mano de la gracia en esas ocurrencias, porque pueden ser dolorosas, e incluso traumáticas. Y no estoy diciendo que las experiencias traumáticas sean bendiciones. La observación cercana no nos muestra que esto sea verdad. Pero algunas lo son, y encontrar la actitud correcta hacia estas ocurrencias forma parte de la gracia. Nuestra disposición a ver la gracia en ellas también es una gracia, y a menudo es el resultado de la gracia de nuestra crianza o circunstancias.

Entonces, ¿qué es la gracia? ¿Qué es una bendición? Es simplemente la expresión del amor del ser, la manifestación del amor divino en las ocurrencias y experiencias de nuestras vidas. A veces la gracia es obvia. Con frecuencia no lo es, y puede llevarnos algún tiempo y trabajo verlo y apreciarlo. De modo que vamos a acabar nuestra exploración de las dimensiones ilimitadas del Amor Divino comentando y explorando experiencialmente su relación con la gracia, aprendiendo a reconocer que siempre estamos recibiendo sus dones, incluso cuando estamos atrapados en el mundo representacional y esos dones no son aparentes de manera inmediata para nosotros.

En cierto sentido, toda la situación que tenemos aquí es un regalo: la oportunidad del aprendizaje espiritual es un regalo y lo que aprendemos es un regalo. En mi experiencia, esto es cierto, aunque tengamos que trabajar muy duro y esforzarnos mucho en nuestras prácticas. Esto se debe a que, en realidad, la acción y el esfuerzo no son los que lo consiguen, incluso si son necesarios para que lo que lo consigue sea capaz de hacerlo. Nuestras prácticas solo pueden llevarnos hasta cierto punto. Podemos esforzarnos y caminar con gran determinación a través del desierto para llegar al oasis, pero nada de eso importará si el oasis no está cuando lleguemos allí. Y eso no es algo que nosotros podamos hacer que ocurra. El hecho de que ocurran cosas que producen abundancia, que traen libertad, que traen liberación: esto es un regalo. Para ilustrarlo, te contaré algunas historias personales sobre el aprendizaje espiritual como regalo.

Empezaré cuando era estudiante y estudiaba en la Universidad de California en Berkeley. Creo que tenía veintitrés o veinticuatro años, y en aquella época no era una persona espiritual. Como he explicado antes, a esa edad no me interesaban las cosas espirituales; bueno, no es que no tuviera interés, era más como que no tenían que ver conmigo. Estaba enfocado en mis estudios académicos. Era un estudiante muy bueno, y estaba muy metido en ello. Además de las clases y los estudios, también hacía lo que hacen los estudiantes: iba a fiestas, mantenía discusiones políticas, tenía citas, y todas esas cosas. A veces, iba con unos amigos a un bar de Berkeley llamado *El Lobo estepario*. Era oscuro y sucio, un lugar habitual de encuentro para los estudiantes, profesores y artistas, y algunos adictos al ácido. En aquel tiempo, todo el mundo leía a Herman Hesse, y por eso les gustaba *El Lobo estepario*, que es el título de una de sus novelas. Incluso el bar, a la entrada, tenía un cartel con una cita del libro: "Solo para locos. El precio de admisión: tu mente".

Una noche, un amigo y yo estábamos saliendo del bar. Era cerca de medianoche y los dos habíamos tomado un par de vasos de vino mientras charlábamos, pero no estábamos borrachos. Teníamos el coche al otro lado de la calle, de modo que estábamos cruzando la calle y hablando y... eso fue lo último que recuerdo. Lo siguiente que supe es que estaba tumbado en el suelo y tenía mucho dolor. No había nadie a mi alrededor: mi amigo no estaba allí. A los pocos minutos, apareció una ambulancia. Ocurrió que mi amigo la había llamado porque se había producido un accidente, que yo parecía haberme perdido, porque fue a mí a quien habían atropellado, pero sin yo saberlo. Realmente, no tenía ni idea de lo que había ocurrido. Iba caminando, le había dicho algo a mi amigo y estaba esperando su respuesta, y entonces, de repente, estaba tumbado en la calle. De repente descubrí que estaba como a media manzana del lugar donde originalmente estábamos.

En algún momento entendí que había sido golpeado por una motocicleta, que ninguno de nosotros había visto venir. Yo estaba en muy mal estado, y recuerdo que me subieron a la ambulancia. Esa fue la única vez en mi vida que he estado dentro de una ambulancia, y recuerdo que estaba en un estado que me parecía divertido. Se podría decir que estaba en *shock* porque estaba alternativamente cantando y llorando, y en aquella época de mi vida no solía hacer ninguna de estas cosas. La gente trataba de calmarme, y recuerdo que no sabía si me sentía bien o mal. Pero ciertamente sentía mucho dolor. Me llevaron al hospital de la Universidad, donde estuve en la lista de críticos durante unos tres días y fui sometido a varias operaciones importantes.

Lo interesante fue que, aunque los médicos no sabían si saldría con vida, no me importaba en absoluto. De hecho, mi única preocupación era cuánto iba a tardar todo aquello y cuánto tiempo me quedaba de estar en el hospital. Quería salir de allí cuanto antes. Había llegado la primavera, y cuando miraba afuera, los exteriores se veían agradables y soleados, y en primavera las flores de Berkeley son preciosas. Solo quería irme. Sabía que iba a salir —aunque los médicos y enfermeras no lo tenían claro—, solo era cuestión de tiempo. Y, por lo que entiendo, mi cuerpo se curó muy rápidamente, como tres o cuatro veces más rápido de lo que cabía esperar.

De modo que salí rápidamente, después de unas tres semanas. Normalmente, tras un trauma físico como este, cabe esperar que uno vaya a estar hospitalizado mucho más tiempo y pasar por todo tipo de fisioterapias antes de recibir el alta. Y ahora se sabe que también se necesita terapia para superar el trauma psicológico. Pero en mi caso, esto no ocurrió. De hecho, la mayor parte del tiempo que estuve en el hospital estaba alegre y feliz. Acabé teniendo que perder un año de Universidad para recuperarme de todas las lesiones físicas, pero una de las cosas con las que nunca tuve que lidiar fue con el estado de *shock*. Todavía no he encontrado la necesidad de trabajar ningún *shock* o trauma de ese accidente; lo he estado buscando desde entonces, pero no lo he encontrado.

Cuando mi experiencia interna se iba desplegando algunos años después, reconocí que lo que experimenté mientras estaba en el hospital era confianza básica. Cuando miraba afuera y veía el sol, estaba viendo la luz del día viviente. Todo el ambiente estaba impregnado de una sensación de facilidad y ligereza, y una profunda confianza en que todo iba a salir bien para mí. Mi sensación era: cualquier cosa que ocurra está bien, y a este sentimiento le acompañaba una sensación de facilidad y relajación. Había una sensación de ser capaz de soltar porque todo estaba siendo atendido. Y recuerdo eso era así a pesar del hecho de que hasta entonces no había tenido lo que la gente denomina experiencias espirituales; al menos que yo las reconociera como tales. Sí, a veces me sentía muy bien y con mucha paz, pero esto no me parecía algo espiritual. Solo años después descubrí la naturaleza más profunda de lo que estaba ocurriendo.

Hubo algunas cosas con respecto al accidente que no comprendí durante cierto tiempo. En primer lugar, no sabía qué había ocurrido entre el momento en que estaba hablando con mi amigo y el momento en que me encontré tumbado de espaldas en medio de la calle, con el dolor de todas las heridas y los huesos rotos que había en mi cuerpo. Había una discontinuidad en mi recuerdo de la experiencia. Y la otra cosa que no entendía era cómo yo sabía que iba a estar bien, cuando los médicos no estaban seguros de los daños que habían sufrido el cerebro y otros órganos. De hecho, todas las indicaciones médicas dijeron que había posibilidades reales de que muriera. No fue que pensara en la posibilidad de morir y sintiera que no iba a hacerlo; esta posibilidad ni siquiera se me pasó por la cabeza.

Tardé años en recuperar el recuerdo de esa discontinuidad en mi experiencia, y entonces entendí lo que había estado ocurriendo durante aquel tiempo y por qué había sentido una total ausencia de preocupación. Fue cuando encontré lo que en esta enseñanza llamamos la guía diamante. A medida que iba aprendiendo a experimentar plenamente la guía diamante —y más adelante a ser ella—, empecé a pensar en el accidente y en lo que había ocurrido. Y esto me llevó a recuperar el recuerdo completo de él, que emergió al revivir la experiencia como si realmente estuviera allí.

No fue lo que yo esperaba, y tampoco fue lo que la mayoría de la gente piensa que ocurre durante las experiencias traumáticas como esta. Fue más cercano a lo que actualmente se denomina una experiencia cercana a la muerte. Lo que recordé, o más bien reviví, fue que cuando la motocicleta me golpeó, yo estaba fuera de mi cuerpo. En el momento del impacto, me experimenté a mí mismo mirando hacia abajo, hacia la calle. Estaba viendo la motocicleta arrastrar un cuerpo —mi cuerpo— calle abajo durante media manzana y dejarlo en el firme, y después la motocicleta, con dos personas en ella, giró bruscamente. Mientras miraba hacia abajo y veía la escena, me sentía totalmente pacífico. Eso fue lo que recordé: completa paz. Es como si estuviera más arriba y pudiera ver toda la calle; estaba oscuro, pero podía ver las cosas con mucha claridad. Pude ver que no había ningún coche alrededor porque era muy tarde por la noche.

Cuando pienso en ello ahora, en ese punto probablemente estaba clínicamente muerto. No lo sabía, y nadie podría haberlo sabido porque allí no había nadie hasta que llegó la ambulancia y mi amigo volvió a aparecer. De modo que allí estaba yo, mirando hacia abajo, y cuando alejé la mirada de la calle, había una vasta noche, una vasta oscuridad. Era pura, luminosa y cien por cien pacífica, y había una sensación de facilidad y una ausencia total de cualquier tipo de emoción. Solo completa libertad y completa paz, con una sensación de que podía deslizarme fácil y alegremente hacia esa oscuridad. Me sentía atraído hacia ella.

Mientras experimentaba la oscuridad, también era consciente de mí mismo, y lo interesante de esta conciencia era el reconocimiento de que yo era una preciosa estructura de diamantes. Eran diamantes brillantes de diversos colores que componían toda la estructura, todo un cuerpo, todo un diseño. Esto es lo que posteriormente llamé la *guía diamante*. Desde ese lugar, era claramente posible algún tipo de cognición y entendimiento, pero no era la capacidad de pensar habitual. Simplemente era un conocimiento: un conocimiento de la paz y un conocimiento de cómo me sentía, y mientras tanto, en todo momento, miraba hacia abajo y veía mi cuerpo completamente dolorido. Eso es lo interesante: yo estaba mirando a la oscuridad, esta infinitud de paz luminosa y preciosa, y al mismo tiempo era consciente de que mi cuerpo estaba totalmente dolorido. Miré aquí y allá varias veces, mi conciencia cambiaba entre una fascinante vastedad luminosa y el cuerpo con todo su dolor. Entonces, en algún momento, lo que surgió al mirar mi cuerpo fue un intenso amor y alegría. Y mientras experimentaba este amor y alegría, el diamante rosa y el diamante amarillo de esta estructura multicolor parecida a un diamante brillaban con mucha más intensidad: irradiaban. Me di cuenta de que el amor y la alegría, que son las emociones de la irradiación del diamante rosa y amarillo, guardaban relación con el cuerpo, con la vida, con estar en la Tierra. Y este amor y alegría se convirtieron en la fuerza que hizo que me zambullera voluntaria y felizmente en mi cuerpo. A continuación, sentí mucho dolor, y entonces fue cuando me puse a cantar y llorar al mismo tiempo.

Como he dicho, pasaron varios años antes de que pudiera recuperar esta parte del recuerdo del accidente. Y ahora es interesante ver que realmente no se puede tener un *shock* al sistema más fuerte que este —con el tipo de heridas que generalmente conllevan grandes traumas físicos y psicológicos— y, sin embargo, al mismo tiempo fue un regalo total, en cierto sentido fue una bendición total. Porque esta experiencia intensamente dolorosa no creó un efecto traumático. De hecho, fue el comienzo de mi despertar y, por tanto, en cierto sentido, el comienzo de la enseñanza del Enfoque Diamante. Como ves, yo no hice nada para provocar su ocurrencia. No estaba practicando, no estaba meditando, no estaba haciendo nada. Simplemente, estaba saliendo de un bar.

Digo esto en parte para señalar que tener una experiencia difícil no es por fuerza algo horrible que simplemente tienes que superar. Si nos abrimos de cierta manera, lo que podríamos pensar que es una experiencia horrible puede ser la ocasión del mayor aprendizaje. Por lo que sabemos, podría ser el momento más bendito de nuestra vida. Ahora bien, algunos podrían decir: "Bueno, probablemente si hubiera ocurrido en la infancia, habría tenido efectos más traumáticos". Pero esta no fue la primera prueba importante en mi vida. Como has leído, cuando era un niño como de un año y medio, tuve polio y estuve a punto de morirme. Pero eso tampoco ha resultado traumático. Sí, he tenido dificultades como consecuencia de la enfermedad —tanto físicas como emocionales—, pero también puedo ver que ese suceso ha sido una de las principales bendiciones de mi vida.

He contado la historia del accidente con la motocicleta para ilustrar que cuando hablamos de trabajar en la realización de nuestra naturaleza espiritual, tenemos que recordar que estamos hablando de una dimensión que ya está aquí. Siempre está aquí, incluso si no la vemos, y es la fuente de todas nuestras experiencias y de todas nuestras realizaciones. Y en nuestra exploración del amor divino, hemos visto que esta fuente o dimensión es, por su propia naturaleza, la esencia de la bondad amorosa. Su naturaleza es dar, bendecirnos y ofrecernos su abundancia.

De modo que estos son ejemplos de la gracia manifestándose como bendiciones disfrazadas. Creo que cuando estaba en el hospital, el cuerpo se curó rápidamente debido a la presencia de esas bendiciones, y a continuación experimenté como una especie de confianza, algún tipo de confianza en la realidad. Para mí, ahí fue cuando empecé a experimentar la sensación de ser cuidado, de sentir que hay bondad, que hay abundancia y que las cosas estarán bien. Entonces no pensaba estas cosas conscientemente; era más una sensación inconsciente de que si simplemente nos relajamos, si nos tomamos las cosas con tranquilidad, al tiempo que damos lo mejor de nosotros mismos, las cosas funcionarán, y generalmente mucho mejor de lo esperado.

Una vez más, no estoy diciendo que todas las experiencias difíciles sean gracia, o el resultado de la gracia, sino que la gracia puede presentarse incluso en esas situaciones tan difíciles. Y tampoco estoy diciendo que la posibilidad siempre presente de la gracia signifique que nosotros no tengamos que hacer nada. No significa que simplemente podamos perder el tiempo, no hacer ningún esfuerzo y no ser impecables. Si bien la gracia puede darnos su bendición incluso cuando no estamos involucrados en ninguna práctica espiritual, como fue mi caso, generalmente hay un diálogo o intercambio entre nuestro compromiso interno con la verdad y nuestras prácticas, y las bendiciones de la dimensión espiritual.

Ya has leído en las anotaciones de mi diario que en ocasiones estaba trabajando conscientemente y con gran intensidad en ciertos problemas, haciendo mis prácticas y prestando una atención constante a mi proceso, pero experimentaba grandes dificultades. Con frecuencia, me sentía totalmente atascado, y muy frustrado, porque no parecía estar ocurriendo nada, aunque yo seguía practicando y aplicándome. Esta sensación de que no se produce ningún progreso en absoluto es una experiencia que cuenta mucha gente. Para mí, con frecuencia he llegado al punto de estar tan atascado, tan frustrado, y tan totalmente harto que finalmente me rendía. En ese momento no era por estar enfadado. Al final, este rendirse viene más de una sensación de total impotencia. Llega en el momento en el que reconozco que yo no puedo hacerlo, y que simplemente ya no sé qué más hacer.

Hasta llegar a ese punto, puedo pensar que sé qué hacer: "Ah, sí, se me está diciendo que haga esto, esto y esto. Entiendo". De modo que hago todas estas cosas, pero no ocurre nada. Y a continuación me doy cuenta de que, en el fondo, en realidad no tengo la menor idea. Y es solo en esos momentos, cuando renuncio, cuando reconozco que no puedo hacerlo y que no sé cómo hacerlo, cuando ocurre algo de otro orden. Ahí es cuando siento algún tipo de liberación, algún tipo de dejar ir. Pero, en realidad, no es dejar ir, no en el sentido que la gente suele hablar de dejar ir, como si fuera algo que tú pudieras "hacer". Es más como que me doy plena cuenta de que *yo no puedo* hacerlo, y en esa sensación hay un reconocimiento de mi impotencia, un sentimiento de mi incapacidad, de mi pequeñez y de mi ignorancia. Y en ese mismo momento, ocurre algo más. Es como si una especie de lluvia empezara a caer por dentro, una lluvia interna que es amable, delicada, suave y dulce. Y es esta lluvia suave y delicada la que en realidad disuelve el problema, disuelve el asunto, disuelve la dificultad o la barrera. De modo que estoy tratando de establecer el punto de que, además de reconocer el hecho de la gracia, también es importante reconocer que hay una dinámica en ello que guarda relación con nuestra experiencia interna: el proceso, y con frecuencia la lucha, que vienen antes de que descienda la gracia.

Entonces, el esfuerzo no es suficiente por sí mismo. Pero tengo que esforzarme y hacer lo suficiente para llegar al punto donde reconozco: "Esto es. Le he dado a esto todo lo que he podido y no funciona, y ya no puedo hacer nada más". Tengo que llegar a este punto antes de poder detener la actitud mental de que depende de mí. Y no es una técnica; no es como que yo pueda decir: "De acuerdo, tengo que dejar de intentar hacer que ocurra", porque eso sigue siendo pensar que puedo hacer algo para conseguir que ocurra. No, el intentarlo simplemente se detiene por sí mismo con el reconocimiento de la incapacidad objetiva, porque la actitud mental de que depende de mí también acaba en ese mismo momento.

De modo que esos momentos en los que he renunciado solo se debían a que realmente sabía que había llegado al final y simplemente no había nada más que se pudiera hacer. ¿Qué más puedes hacer entonces excepto abandonar? Y en este estado de total impotencia, algo se manifiesta, algo surge, algo desciende, algo se abre. Hay algún tipo de energía, algún tipo de presencia o conciencia que surge y de algún modo me funde. Funde al que está teniendo el problema, al que está tratando de hacer algo al respecto.

He dicho antes que la noción de la "rendición" individual es solo una aproximación. Solo es un intento de describir un proceso de un modo que tiene sentido para nosotros en ciertas etapas de nuestro viaje. En verdad, yo no le llamaría rendición. *Yo* no podría rendirme. Nunca pude rendirme y nadie se rinde nunca. Creer que me estoy rindiendo significa que todavía creo que puedo hacer algo. Pero yo no puedo dejar ir. Lo único que ocurre es que abandono, y eso se debe a que me doy cuenta de que no puedo hacerlo. Es la gracia, la bendición: es esa energía la que lo hace. Esta dinámica me ha ocurrido muchas, muchas veces, y por eso me ha quedado claro que allí hay algo más que lo hace. Hay una fuente, una energía, una presencia, una conciencia; y ella es la que realmente hace el trabajo. Solo eso puede traer la liberación, y es eso lo que trae la resolución y el dejar ir.

De modo que, paradójicamente, a través de estas experiencias repetidas de fracaso he desarrollado una especie de confianza, un tipo de fe, un tipo de confianza interna en mi proceso. Viene del conocimiento de que no depende de mí. Yo no soy quien lo hace; y si no fuera por esa fuerza, si no fuera por esa gracia que puede ocurrir, nunca me liberaría, no se produciría ningún desarrollo. No puede haber ningún despertar verdadero y duradero, ninguna transformación es posible sin la gracia. Y este ha seguido siendo el principal tema, el principal impulso de mi proceso. Hubo un tiempo, durante algunos de los principales descubrimientos del Enfoque Diamante, como el descubrimiento de los aspectos de las dimensiones, en que hubo una confianza total en que todo ocurre por su cuenta. Y no solo ocurre por su cuenta, también está tirando de mí y empujándome, y mostrándome y liberándome, y confrontándome y fundiéndome. Esta es una de las maneras en las que opera la gracia.

Es interesante que lo que pareció ser una elección en la experiencia del accidente con la motocicleta —ir hacia la vida y lejos de la negra vastedad nirvánica—, en realidad no fue una elección. Durante aquella experiencia fuera del cuerpo, mi yo habitual no estaba allí para saber lo que estaba ocurriendo y hacer esa elección; en ese momento, mi presencia era una guía diamante, y fue eso lo que me guio de vuelta a la existencia terrenal. Por eso no es sorprendente que una vez que volví a la sensación de mi yo habitual, no pude recordar lo ocurrido.

Después de la experiencia, no había una conciencia de ella, pero seguí sintiendo su efecto como una fuerza inconsciente. Esto se mostró inmediatamente en la sensación de facilidad y relajación que acompañaron a la confianza en la realidad que sentí instintivamente. El efecto más profundo se hizo aparente cuando el curso de mi vida cambió varios años después y me di cuenta de que ya no quería estudiar física, sino el operar interno del alma.

A medida que seguía el destino marcado por este camino —que al final se reveló como el sendero del Enfoque Diamante—, esta fuerza inconsciente se hizo más consciente y poderosa conforme mi alma se fue clarificando gradualmente. Solo mucho más adelante en mi vida, cuando mi alma se había clarificado hasta el punto en el que yo podía explorar y ser plenamente esta guía diamante, es cuando pude conocer y entender lo que había ocurrido en esa breve y espontánea experiencia fuera del cuerpo.

En ese tiempo posterior, cuando mi alma se había vuelto completamente transparente —incluso vacía de existencia—, especialmente en torno al corazón, este se convirtió en una ventana a través de la cual pude ver con claridad al Amado interno, la negra vastedad luminosa y nirvánica.[3] Y mirando a través de esta ventana clara del corazón, pude ver que la os-

---

3. El accidente de la motocicleta y sus consecuencias ofrecen una sorprendente ilustración de la gracia del amor divino. No obstante, la experiencia en el núcleo de este incidente y la clarificación del alma que aquí se describe son manifestaciones de una dimensión todavía más sutil y fundamental del Amor Divino: el Absoluto. En el viaje a través de las dimensiones, el corazón se vacía de todos sus anhelos anteriores. Solo anhela desaparecer completamente en el Amado interno, en la fuente absoluta de la existencia, que se manifiesta como la negra vastedad brillante y luminosa a la que me he referido. El Amor Divino es un instrumento en este viaje del corazón, pues es la fuente del anhelo por el Amado, y es la fuerza dinámica que expresa el tirón del Amado sobre nuestra conciencia. El misterio de este viaje es el tema del tercer volumen de esta serie sobre el amor.

curidad radiante y luminosa del absoluto está en medio de la existencia terrenal, porque en realidad esa es la verdadera naturaleza del mundo. De modo que ahora estaba viéndola y experimentándola de una manera más completa que como la vi durante el accidente. Mientras estaba fuera de mi cuerpo había visto esta brillante oscuridad luminosa en todas partes. Era el espacio en el que yo me encontraba, y era más oscura y misteriosa cuando miraba hacia fuera. Y sí, había amor por esa vasta oscuridad nirvánica dentro de la cual podría haber desaparecido, pero también había amor por la vida humana, y este hizo surgir el amor y la alegría de la guía diamante que yo estaba experimentando como mi ser. De modo que la guía simplemente me llevó de vuelta al medio de la vida. No tenía que abandonar la vida para encontrar la pacífica oscuridad del absoluto. La descubrí volviendo a la vida y siguiendo el camino de esta enseñanza. Y esta enseñanza nos dice que el camino no es abandonar el mundo; es estar en el mundo sin ser del mundo. Es un camino de transcendencia encarnada.

La experiencia me había mostrado brevemente lo que había estado deseando toda mi vida sin saberlo siquiera. Desde el principio mismo, en cierto sentido profundo, innombrado y desconocido, siempre había sentido en mi corazón que estaba alejado de algo. Y al volver a ver en ese momento la brillante vastedad luminosa en el corazón de mi alma clarificada, reconocí más plena y conscientemente lo que había estado queriendo, y que no tenía que ir a otra parte para encontrarlo. Yo estaba exactamente donde debía estar. Reconocí que aquí se hallaba la fuente de todas las bendiciones, la fuente de toda la gracia, de todas las experiencias luminosas, de todo el conocimiento y de toda guía.

Esto cambió mi práctica de nunca olvidar la presencia a nunca olvidar la fuente, que es algo mucho más sutil. Cómo no olvidar la fuente es un arte sutil, porque la fuente no es exactamente presencia: está más allá de la presencia. Y, una vez más, en cierto sentido esto ocurre como un regalo: básicamente la fuente integra el alma, integra la vida del alma, de modo que el alma se convierte en la ventana o el vehículo para este misterio.

Este proceso de la gracia trabajando sobre mi alma, desde dentro y desde fuera, empezó con el trabajo de experimentar la personalidad, y después progresó: a experimentar el alma, a experimentar la esencia con todos los aspectos y dimensiones, a experimentar el ser y su ausencia de límites, y después a experimentar el absoluto o fuente. Y después, el absoluto o fuente integra todas estas experiencias en lo que yo llamo *lo no dual absoluto,* que es básicamente experimentarme a mí mismo como esa vastedad, este vasto misterio, en el que todo lo que contemplamos en el mundo de la apariencia —las personas, los árboles, los animales, los coches, todos los objetos—, ahora vemos que no son sino destellos cristalinos dentro de esa vastedad. Todo es como una claridad multifacética y multicolor que es completamente transparente a la vasta oscuridad luminosa. Y cuando esta claridad luminosa que lo es todo manifiesta la dulzura del amor divino, entonces queda claro que ella misma es la bendición, ella misma es la gracia. El amor divino revela que la verdadera naturaleza es la fuente de toda gracia, es pura gracia.

Pero, transcurrido algún tiempo, lo que se vuelve importante no son estos vastos espacios y misteriosos estados de realización. Lo prioritario es cómo vivir en el mundo. El mayor regalo no es que yo reconozca mi naturaleza como el absoluto, sino que sea capaz de vivir en el mundo y de actuar desde la perspectiva del absoluto. El alma se vuelve transparente al absoluto, y a continuación siente intimidad con todas las cosas del mundo. Por tanto, para el alma, el enfoque no está en la experiencia sino en la acción. Vivir real y verdaderamente con otras personas y vivir en el mundo, con verdadera sensibilidad, con verdadera intimidad. Estar con alguien y experimentarle profundamente, al tiempo que le dejas completamente en paz, sin la interferencia de ninguna reacción, idea, posicionamiento, esperanza o temor. Y ser capaz de aportar compasión, sensibilidad, amor y la inteligencia en esas interacciones, de modo que la otra persona también pueda revelar esa comprensión de sí misma. De nuevo, esto es la acción de la gracia.

Todo es un regalo. Y en este punto, se convierte en una cuestión delicada y sutil, porque cuando llegas a las dimensiones ilimitadas y te experimentas como la presencia misma, como la verdadera naturaleza misma, es posible olvidarse de que es un regalo. Porque puedes empezar a creer: "Bien, yo soy la fuente de todas las cosas". Entonces, ¿cómo mantienes un equilibrio entre reconocer que tú eres la fuente de todas las cosas y, al mismo tiempo, reconocer que todas las cosas son un regalo? Esto es posible si el camino sigue estando basado en lo que yo denomino la confianza básica. En el budismo se le llama confianza confiada. En el cristianismo se le llama fe. Esta confianza básica siempre incluye el reconocimiento de nuestras limitaciones, de nuestra incapacidad, y al mismo tiempo nos informa de que el hecho de que seamos incapaces no es el fin del mundo. No es una mala noticia. La buena nueva es la existencia de la verdadera naturaleza, hay una realidad que es una fuente de guía. Es una fuente que funciona como guía, y la guía es una función de la gracia, de la bendición, que se manifiesta en diversas experiencias que nos ocurren, y en el conocimiento y las realizaciones que nos llegan a través de ellas. Y esa bendición, esa gracia, es la acción de la verdadera naturaleza. Es la acción amorosa de la verdadera naturaleza la que hace posible que ocurra la revelación de la realidad.

La palabra que prefiero usar para designar esa gracia, esa bendición, es la palabra sufí "baraka". Es más incluyente que las palabras "bendición" o "gracia". "Bendición" o "gracia" tienden a usarse solo en contextos espirituales, de modo que cuando la gente habla de la gracia, generalmente guarda relación con algún tipo de experiencia espiritual. La palabra "baraka" es más amplia. Viene del árabe, y al tiempo que significa "gracia espiritual", también puede significar "buena suerte", "buena fortuna" y "buena influencia". De modo que puede usarse en contextos más materiales, como para describir la salud física y en general que la vida va bien: tener el tipo de trabajo adecuado, la relación adecuada, y así sucesivamente. Pero también guarda relación con la gracia espiritual, con la ducha de bendiciones que trae la rendición y la transformación. Puede experimentarse como un acto de bendición específico o de manera más general como la fuerza optimizadora que permite que se despliegue nuestro proceso. La fuerza optimizadora es como el ser expresa su acción natural en la iluminación de la experiencia y en la revelación de sus secretos liberadores.

SESIÓN DE PRÁCTICA
GRACIA

Es hora de explorar experimentalmente tu relación con la gracia practicando dos preguntas repetidas. Cada persona responderá a cada una de las dos preguntas siguientes durante quince minutos. Si estás solo, puedes anotar tus respuestas a cada pregunta durante quince minutos. (Véase la práctica "Adueñarse de la experiencia" en el capítulo 1 para tener más detalles).

Dime qué posición tienes con respecto a la gracia.

Mira qué surge espontáneamente cuando consideras tus actitudes, creencias e ideas sobre la gracia. Puedes ver que hay una conexión entre estas ideas y las que tienes en torno a la confianza básica, y si tienes o no la sensación de que hay una fuerza optimizadora en la vida. También es una oportunidad de mirar cómo ves el papel de la gracia en tu camino espiritual: las bendiciones de la energía espiritual que producen verdadera transformación.

Dime una manera en que has experimentado la gracia.

Podrían ser ejemplos específicos de cuando has tenido la experiencia de que algo se abre inesperadamente, algo que la vida te da y que lo sientes como un regalo. Y recuerda, esto puede incluir cosas que solo más adelante pudiste ver como bendiciones disfrazadas. También podría ser una sensación más general de cómo has sentido la acción de la gracia en el viaje de tu alma, o tu experiencia de que tu proceso no es algo que tú mismo puedas hacer que ocurra.

... ...

PREGUNTAS Y COMENTARIOS

Alumno: Estoy viendo que la gracia vive en el corazón del proceso creativo, donde hay trabajo y esfuerzo, y después se produce un punto muerto, y a continuación hay un no saber y un rendirse, y después hay algo más. Más entendimiento, este "más" entra y se produce una compleción, o una sensación de compleción. Y en el proceso de indagación, es lo mismo. La gracia entra a través del entendimiento.

A. H. Almaas: La indagación entera se basa en la presencia de la baraka. Sin ella, solo encuentras detalles sobre tu mente y no ocurre nada. El hecho de que la indagación libera indica que empieza a funcionar alguna otra fuerza. Al indagar, estamos abriéndonos al funcionamiento de esa otra fuerza. Y esto es lo mismo que tú has dicho sobre el proceso creativo. Básicamente, la indagación es un proceso creativo. Es la creatividad de nuestra alma. O, más exactamente, la creatividad de nuestra verdadera naturaleza expresándose a sí misma a través de la conciencia individual.

Alumna: ¿Qué es la gracia?

AH: Es todas las cosas de las que he estado hablando. En las tradiciones, se dice que hay dos tipos de gracia: gracia específica y gracia general. Esta era la visión de Ibn Arabi, el *sheikh* más grande de los sufíes. Gracia específica es cuando de repente ocurre algo que produce libertad, liberación y buena fortuna; trae abundancia a tu vida sin que tú sepas por qué. Sabes que ha venido sin más, sin haberlo pedido. Es posible que sientas que no te lo mereces, porque no has hecho nada. A esto se le llama gracia específica. Es cuando te sientes duchado por la gracia. Es lo que ocurrió en mi experiencia del accidente. Estuve cerca de la muerte y podría haber dicho: "Esa oscuridad luminosa y aquietada tiene muy buen aspecto, más me vale ir allí". Eso también habría sido la gracia, pero, para mí, la gracia se convirtió en una gracia en la vida. Y no solo para mí mismo, sino para toda la enseñanza. Eso fue realmente el comienzo de esta enseñanza. Por eso digo que todo esto es un regalo.

Esto es la gracia específica, y es lo que la mayoría de la gente piensa que es la gracia. Cuando la mayoría de la gente habla de bendiciones y de gracia, piensa en ella de esta manera. Ocurre algo específico en circunstancias inusuales, como cuando lo estás pasando mal y las cosas van terriblemente, y de repente ves una imagen de la Virgen María, salida de la nada. La gente llama a esto gracia.

Y también está la gracia general, que es cuando reconoces la gracia de las dimensiones ilimitadas. Cuando estás en las dimensiones ilimitadas, reconoces que todo es gracia. La existencia misma de todas las cosas no es sino amor, y es el amor y la gracia del absoluto, la fuente que trae todo a la existencia. Es la misma gracia que vemos en la gracia específica, pero allí la vemos como una pequeña ventana abriéndose. En la gracia general, vemos que todo es gracia. Para la mayoría de la gente, este concepto de gracia general es difícil de entender, porque la mayoría de la gente no ve las cosas desde esta perspectiva. La mayoría de la gente vive en un mundo limitado. De vez en cuando, se abre una ventana y se sienten tocados por la gracia, o fundidos, o un sentimiento de gratitud los lleva a ponerse de rodillas. Sienten una sensación de gracia.

No obstante, en el Enfoque Diamante hay tres tipos de gracia. Creo que probablemente algunas tradiciones incluyen el tercer tipo, pero nunca he leído sobre ello. De modo que la primera es la gracia específica, que ocurre en ciertas experiencias, y la segunda es la gracia general, que es reconocer que el despliegue de todas las cosas solo es la compasión y el amor de la verdadera naturaleza. Llamaríamos a la tercera gracia la gracia del sendero, o gracia intermedia. Es una gracia que se gana, en el sentido de que, a medida que trabajas en ti mismo, a medida que haces esfuerzos, la verdadera naturaleza responde con gracia. Puedes ver esta gracia ganada cuando, a medida que indagas, tu indagación se ve completada por el emerger de las cualidades del ser, de la verdadera naturaleza, que es la gracia que permite recorrer el sendero y que continúe el despliegue. Es la acción de la fuerza optimizadora.

¿Qué es esto? Es el hecho de que hay una acción de la gracia que opera como una fuerza que se expresa a través de nosotros y sobre nosotros para desarrollar y profundizar nuestra experiencia. Y es en esta gracia intermedia, la gracia del sendero, en la que me he estado enfocando a lo largo de este capítulo. Esto es lo que trato de indicar para que veamos que, sin ella, en realidad no ocurría nada. O al menos no ocurría gran cosa.

Y después también este concepto de la gracia como *baraka*, que, como he mencionado, es un concepto más amplio de gracia específica, el reconocimiento de que cualquier cosa buena que ocurra en tu vida es una bendición. Si ganas la lotería, eso es una bendición. Si tienes éxito en tu matrimonio, eso es una bendición. Con el término *baraka,* amplío el concepto de gracia específica para incluir la buena suerte y las oportunidades que ofrece la vida. De modo que no se trata solo de acontecimientos espirituales.

Alumna: ¿Y cuál es el segundo tipo de gracia?

AH: Es la gracia general tal como se ve desde una dimensión ilimitada, como la del Amor Divino. Ahora bien, la tercera gracia, la gracia del sendero, si realmente la entiendes, llegarás a ver con más claridad cómo opera la gracia. Porque, en el sendero, incluso las dificultades se convierten en ventanas u oportunidades. Por eso, cuando leo u oigo a la gente hablar de las maneras de trabajar con el trauma o el abuso, a menudo siento que falta algo. El elemento de gracia no se reconoce completamente. Por ejemplo, en mi experiencia del accidente con la motocicleta, abandonar el cuerpo puede verse como la disociación típica del trauma. Y fue una disociación completa: me había ido. La gente suele hablar de los desórdenes que pueden ocurrir como consecuencia de la disociación. Pero esa disociación no fue algo malo para mí. No fue simplemente una maniobra defensiva o protectora.

Alumna: ¿Es la disociación siempre positiva en el trauma?

AH: Bien, no estoy diciendo que la mayoría de la gente traumatizada se disocie de esta manera. La disociación *suele ser* un acto de protección, un modo de gestionar situaciones difíciles. Pero estoy diciendo que debido a ese accidente, y también después de haber trabajado con diversas personas con experiencias similares, reconozco que al trabajar la disociación, no basta con hacer que la persona sienta y recuerde su experiencia, que es el planteamiento terapéutico habitual para conseguir que la persona confronte la situación. También tenemos que considerar el papel de la gracia en la superación del trauma.

Porque en mi experiencia de ese trauma, cuando estaba explorando inicialmente la cuestión de la confianza básica y de la viviente luz del día, me di cuenta de que ya había estado sintiendo la confianza básica sin nombrarla siquiera. Era algo que había estado muy presente a lo largo de mi proceso, y así, cuando empecé a trabajar con gente, una de las cuestiones que surgió para mí es qué es lo que hace que algunas personas avancemos con suavidad en nuestro camino, mientras otras parecen quedarse atascadas buena parte del tiempo. Y reconocí que la confianza básica es un factor importante. Esta siempre había estado ahí para mí a nivel inconsciente: es un ejemplo de lo conocido y no pensado. Pero cuando la contemplé en relación con las personas con las que estaba trabajando, empecé a ver que toda la cuestión de la confianza básica está relacionada con el cuidado recibido en la primera infancia. Y vi que, a medida que las personas con las que trabajaba exploraban este asunto de la confianza básica, y yo sentía su guía dentro de mí, se abrió un canal, el canal de la luz del día viviente o del amor divino. Cada una de las cualidades puede abrirse como un canal cuando el profesor encarna esa cualidad para las personas con las que trabaja.

Alumno: Al describir tu experiencia de cuando salías del bar a la calle, ahí no veo que estuviera funcionando ninguna intención. De modo que me pregunto...

AH: No, yo no tenía intención. Eso es lo que estoy diciendo.

Alumno: Correcto. Por eso me pregunto si hay un lugar para la intención con relación a la gracia.

AH: Tal como yo veo esa experiencia, eso fue gracia específica. Yo no tenía ninguna intención. Solo estaba tratando de llegar a casa porque quería irme a dormir. Estaba un poco piripi después de un par de vasos de vino y eso era lo único que estaba pasando. De modo que lo ocurrido allí es un ejemplo de gracia específica. Es en el proceso de seguir el sendero donde surge la intención. De esto es de lo que he venido hablando, de la interacción mutua entre el trabajo de la práctica espiritual y la gracia.

Alumna: Lo que me quedó muy claro en el primer ejercicio fue que mi relación con la gracia está totalmente incrustada en las relaciones de objeto. Parece ser algo sobre mi relación con mi padre. Tenía una sensación clara de que, a nivel emocional, la imagen ideal es que haya un gran padre detrás de mí para atraparme si me caigo, alguien que me guía.

AH: Correcto.

Alumna: Y después estaba todo este complejo de creencias diciéndome que nunca habría un padre allí para mí. Parte de ello era la creencia de que yo no era suficientemente buena, y que en realidad no me querían, y que no me abrazaban. Pero también estaba presente la idea asociada de que no había ninguna gracia real. Esa gracia era totalmente aleatoria; no estaba relacionada con nada que hicieras ni con quién eras. Simplemente, era algo totalmente arbitrario y, por lo tanto, si venía alguna vez, no podías depender de ella porque iba a desaparecer, y no tenía nada que ver conmigo. De modo que he podido ver que había todas estas ideas y actitudes en mí por estar tan involucrada en esta relación de objeto, y una de las más centrales era la de estar aislada, la de estar sola, que allí no había ninguna figura, no había una fuente allí para mí.

AH: Sí, eso tiene sentido, porque, como hemos comentado, realmente la apertura a la gracia tiene mucho que ver con la confianza básica. La confianza básica no es un pensamiento, no es una creencia, no es un estado particular. Es algo preverbal. Es simplemente la confianza de que van a cuidar de ti, de que las cosas van a salir bien y de que va a ocurrir lo mejor. Obviamente, esta confianza básica guarda relación con el primer entorno de cuidados por parte de ambos padres, y con la situación general. De modo que la gracia está muy relacionada con vivir la luz del día, que, como hemos visto, es una expresión del amor divino. Y esto es lo que la mayoría de la gente considera una gracia o una bendición.

Y el hecho de que hables de tu padre también me recuerda la primera vez que reconocí directamente que, en cierto sentido, esta cualidad del amor divino también tiene que ver con el padre. La relación con el padre es muy importante para ella. Estoy recordando una de esas experiencias que vienen sin ser solicitadas. Creo que había acabado de cenar, y me estaba levantando de la mesa, y tengo este recuerdo: veo que mi padre va al baño. Eso es todo. Él simplemente abre la puerta y entra. Y de repente yo estoy en un lugar totalmente distinto: el amor divino y la confianza básica están totalmente presentes. Me voy a dar un paseo y me doy cuenta de que no estoy caminando. El cuerpo está caminando, y yo sostengo el cuerpo, y rodeando el cuerpo por todas partes hay una ligereza completa, sin ningún tipo de restricciones. Eso fue el amor divino.

Entonces, ¿qué ocurrió? Yo no estaba buscando nada en particular. Y me di cuenta de que esta pequeña memoria me recordó cierto ambiente que algunas veces había en mi casa. Creo que era el hecho de que mi padre estuviera allí; eso es todo. Y eso significaba que todo el mundo estaba bien, nada iba mal. Eso creaba cierto ambiente de confianza básica, cierto tipo de protección, y pasar por esa experiencia me llevó a reconocer que durante mucho tiempo no me había permitido a mí mismo ver el amor de mi padre. Mi padre me quería, pero por algún motivo yo no lo veía, porque él hacía muchas otras cosas. Pero reconocer el amor de mi padre fue lo que realmente me conectó con eso, con el amor divino y la luz del día viviente. Porque si mi padre no me quiere, entonces, en cierto sentido, todo el mundo me resultará hostil.

De modo que, sin lugar a dudas, tener una buena infancia también es una gracia. Para las personas que han tenido la suerte de haber tenido una buena infancia, en la que hubo amor, cuidado y seguridad, eso ciertamente hará que su vida sea positiva. Pero la cosa no acaba ahí, porque hasta la infancia más difícil también puede tener sus momentos de gracia. Algunas personas que hicieron grandes descubrimientos y que aprendieron mucho y maduraron mucho tuvieron infancias difíciles. Y a veces su progreso se debió a que habían tenido una infancia difícil. Eso puede ocurrir. Pero, hablando en general, tener una infancia positiva significa gracia, significa más bendición. La bendición es algo misterioso, como ves, algo mágico; no es algo que puedas ordenar. No es posible darle un orden preciso ni una lógica. Y el hecho de que encuentres una enseñanza, que por sí misma es una gran oportunidad, también es un ejemplo de gracia.

De modo que comencé este libro diciendo que íbamos a hacer un viaje más allá de la dimensión del alma individual para explorar las dimensiones ilimitadas. Hemos acabado mirando el papel que desempeñan nuestros esfuerzos y prácticas en ese viaje, contrastando eso con la bendición, la gracia o la *baraka* que es necesaria para que la verdad de esas limitaciones se nos revele y seamos capaces de encarnar esa verdad en nuestras vidas.

Tenemos que recordar siempre que sin la gracia, el trabajo no ocurrirá, nuestra vida no irá bien. Si realmente entendemos la enseñanza y el sendero, siempre es posible que seamos conscientes de una experiencia de baraka, bendición o gracia en nuestra vida, en todas las situaciones: físicas, psicológicas y espirituales. Pero, para que ocurra esto, tenemos que estar abiertos a ello. Tenemos que reconocer y admitir que está ahí. Si no estamos abiertos a esta verdad —que está operando en nuestra vida—, tiende a no funcionar mucho. Así, si tenemos resistencias a la gracia, si nos oponemos a ella, si estamos cerrados a ella, tenderemos a no experimentarla. Por eso, la cuestión de permitir, de abrirse, y de no saber es fundamental en este sendero. Pero todo este permitir, esta apertura, este no saber se basan en la confianza, en la fe de que *algo* lo hará y de que todo va a resolverse. Eso ayuda a, y es ayudado por, nuestra relajación, por nuestro dejar que todas las cosas sean. De modo que, aunque el viaje puede acabar en la toma de conciencia de que *somos* amor divino, a lo largo del camino es necesario recordar constantemente que yo no soy el que lo está haciendo, que siempre es un regalo. Siempre es un regalo y siempre es inesperado.

Agradecimientos

La enseñanza que forma la base de este libro se presentó a los miembros de la Escuela Ridhwan en 1995. Me gustaría dar las gracias a esos estudiantes que ofrecieron su tiempo y habilidad para transcribir el material grabado.

Finalmente, estamos llevando esta enseñanza al público como parte de esta serie en tres volúmenes sobre el amor espiritual. Veinticinco años después de la enseñanza original, Paul Hancock asumió la tarea de preparar el texto para su publicación. En su deseo de ser fiel a mi enseñanza, empezó a revisar todas las grabaciones originales para clarificar los lugares de las transcripciones clasificados como "inaudible", o que simplemente tenían una base imprecisa al escucharlos más detenidamente. Esto también le permitió encontrarse directamente con la enseñanza del amor divino, puesto que no estaba en la Escuela cuando se enseñó esto hace veinticinco años. Además, Paul tenía una curva de aprendizaje muy pronunciada que integrar en el primer libro sobre mi trabajo, pero demostró que estaba preparado para la tarea. Él ha combinado un amor apasionado por este material, su creatividad y habilidad con las palabras, y un fuerte deseo de hacer que mis palabras sean accesibles a un público más amplio. Siento mucho aprecio por su contribución a la creación del segundo volumen de la serie del Viaje Espiritual del Amor.

La creación de este libro también ha producido una buena alianza laboral entre Paul y mi editor jefe, Byron Brown, que aprecio enormemente. Su trabajo conjunto ha sido esencial para transformar las transcripciones originales en una experiencia eficaz de exploración espiritual y de transmisión para el lector. Byron continúa dirigiendo la nave del desarrollo del libro con claridad y cuidado, a medida que combina la edición, mi implicación y la comunicación e interacción con Shambhala en torno a la revisión, el título y la creación de la portada. Le estoy agradecido a él y a la sabiduría que ha desarrollado a lo largo de los años como director de publicaciones de mis libros.

Una vez más, quiero dar las gracias a Liz Shaw, mi contacto y editora en Shambhala Publications, por su cuidado y atención a lo que quiero transmitir en este y en todos mis libros. Su dedicación y su apoyo constante a mi visión han sido de inmenso valor. También doy las gracias a Audra Figgins por su atención a la maquetación y a los últimos detalles a fin de presentar el libro de una forma preciosa.